博物館の
未来をさぐる

神奈川県博物館協会［編］

東京堂出版

刊行にあたって

　本年、神奈川県博物館協会は創立60周年を迎えることとなりました。当協会は、神奈川県内に設置されている博物館相互の連絡をはかり、博物館活動の振興に努めることで学術文化の進展に寄与することを目的に、昭和30（1955）年に23館で結成されました。その後の公私立博物館園の開設にともない加盟館園も増加し、現在では95館を数えるまでになりました。また、設立当初から研修会や普及印刷物の充実を目ざしており、60年の歩みの中で開催した研修会は210回を越え、会報も86号を数えるに至りました。このような活動が展開できたのも、ひとえに加盟館園の皆様のご支援とご協力、歴代の役員・幹事の献身的なご尽力のお陰と感謝申し上げます。

　さて、10年前の創立50周年では『神奈川県博物館協会50年誌』とハンドブック『学芸員の仕事』を記念事業として刊行しましたが、今回の60周年の記念事業では防災対策と記念誌の刊行を決定し、ワーキンググループにてその準備を進めてまいりました。前者の災害対策は、「神奈川県博物館協会総合防災計画」として平時から発災時・復興期まで長期的な博物館レスキューのあり方を提案し、平成28年度から実施する予定です。後者の記念誌は本ハンドブックで、平成25年度と26年度に開催した「博物館の未来を探る」と題したシンポジウムをもとに、現在の博物館が抱える問題点を明らかにし、その解決方法を模索し、博物館の未来を展望しようという内容です。

　このハンドブックが、博物館に勤務している方だけでなく、これから博物館学芸員を目ざす多くの皆さんにも読んでいただけますことを願ってやみません。

　末尾になりましたが、ご寄稿いただいた執筆者、会員館園、編集にご尽力いただいたワーキンググループのメンバー、この企画に賛同して出版していただいた東京堂出版に心より感謝申し上げます。

神奈川県博物館協会
会長　薄井　和男

刊行の経緯と本書のねらい

　本書は神奈川県博物館協会創立60周年記念事業の一つとして発刊されたものである。神奈川県博物館協会（以下「県博協」）は、平成25年度から創立60周年記念事業の一環として記念誌刊行の検討を始め、平成25年（2013）7月5日に、合同部会幹事のうち4名（途中1名が交代）からなる記念誌刊行ワーキンググループを設置した。

　ワーキンググループでは、記念誌の編集方針について議論を重ねた。昨今、博物館をめぐる状況は厳しいといわれるが、このような時だからこそ還暦を迎える県博協が、これまでの実績を糧に博物館の新たな未来を切り拓くべきとの思いから、テーマを「博物館の未来をさぐる」とした。次に、「博物館の未来をさぐる」ためには多くの方から意見をいただき、ともに考えることが必要と考え、記念誌刊行にとどまらず、同テーマを掲げた公開シンポジウムを企画し、その成果を記念誌に盛り込もうと考えた。これには県博協や博物館の存在意義・必要性を広く社会に訴えようとの思いもあった。

　シンポジウムは平成26年（2014）に2回開催し、それぞれ先進的・特徴的な活動を行っている加盟館園から報告者を5名ずつ招いた。報告者は、運営母体や館種に偏りなく多様な館園から選定し、なるべく多くの方々の参考になるよう心がけた。第1回シンポジウムは2月8日（土）に「理念と実践」をサブテーマとして開催し、大雪の悪天候にもかかわらず県内外から62名の参加者を得た。第2回シンポジウムは9月28日（日）に「機能と手法」をサブテーマとして同じく77名が参加した。本書第1部におさめられた論考は、その報告内容にもとづいたもので、様々な実践事例紹介と博物館に関わる理念が展開されている。

　さらに、加盟館園からは「未来に向けて、わが館は」と題した館園紹介文の寄稿を依頼した。各加盟館園の未来に向けた紹介文から、博物館の未来の姿が自ずと見通せるのではないかとの思いからである。

　本書を通して、現場で仕事をする学芸員のみならず、学芸員を目指す学生や一般利用者の方々まで、より良い博物館のあり方をともに考え、博物館の新たな未来を切り拓くきっかけとする、これが本書のねらいである。

目　次

刊行にあたって………………………………神奈川県博物館協会 会長　薄井　和男　1
刊行の経緯と本書のねらい……………………………………………………………… 2
凡　例……………………………………………………………………………………… 4

第Ⅰ部

第1章　理念と実践……………………………………………………………………… 7
平塚市博物館がめざす地域博物館像…………平塚市博物館　栗山　雄揮　8
指定管理者制度の導入と人文系博物館……横浜開港資料館・　西川　武臣　18
　　　　　　　　　　　　　　　　　　　　　横浜都市発展記念館
新江ノ島水族館の現状と課題………………新江ノ島水族館　竹嶋　徹夫　28
県立生命の星・地球博物館の将来を考える
　　　……………………………神奈川県立生命の星・地球博物館　平田　大二　40
観光地の美術館における"遊び"と"学び"……彫刻の森美術館　長沼　隆之　54

第2章　手法と機能…………………………………………………………………… 65
ボランティアと歩む博物館　―資料収集から展示・教育まで―
　　　………………………………………………相模原市立博物館　秋山　幸也　66
かわさき・人と星と緑の交流………………かわさき宙と緑の科学館　國司　眞　78
　　　　　　　　　　　　　　　　　　　　（川崎市青少年科学館）
金沢文庫における文化財の修理と保存………神奈川県立金沢文庫　西岡　芳文　88
世界に開かれた美術館を目指して　―情報発信と市民参加―
　　　………………………………………………………横浜美術館　沼田　英子　100
陸軍登戸研究所の実相をみつめて　―明治大学平和教育登戸研究所資料館設置の意義―
　　　………………明治大学平和教育登戸研究所資料館　渡辺　賢二・塚本　百合子　112

第Ⅱ部

未来に向けて、わが館は………………………………………………………………123
神奈川県博物館協会の未来にむけて―60年小史にかえて
　　　……………神奈川県博物館協会60周年記念誌ワーキンググループ　170
神奈川県博物館協会　加盟館名簿……………………………………………………172
謝　辞……………………………………………………………………………………178
平成25年度～平成27年度　神奈川県博物館協会部会幹事・事務局名簿………179

凡　例

・本書で紹介する加盟館園は平成27年（2015）1月現在のものである。館園名簿は五十音順に掲載したが、名簿や第2部「未来に向けて、わが館は」での名称は、通称名を含めて各館園が通常使用しているものとした。

・本書第1部に掲載された論考は、神奈川県博物館協会創立60周年を記念して開催された神奈川県博物館協会主催シンポジウムにおける報告内容を、報告者が再構成して執筆したものである。同シンポジウムは平成26年（2014）2月8日（土）に第1回「博物館の未来をさぐる－その理念と実践」を、9月28日（日）に第2回「博物館の未来をさぐる－その機能と手法」を開催し、それぞれ5名の報告者を立てた。第1回シンポジウムの報告者の論考は第1部第1章、第2回シンポジウムの報告者の論考は第1部第2章におさめた。また、執筆者の職位職名は平成27年1月現在のものである。

・第2部「未来に向けて、わが館は」は、加盟館園から寄稿された紹介文を掲載しているが、館園名と外観写真のみを掲載した館園もある。また、掲載は横浜・川崎・三浦・湘南・西湘・県央の地域区分の順で配列し、各地域の中では五十音順に掲載している。

・本書に掲載した写真は、各館園並びに執筆者が提出したものである。

第Ⅰ部

ながびく地方自治体の財政難、博物館施設に関わる制度の変更、博物館に求める価値観の多様化など、現在、博物館を取り巻く社会的状況は厳しく、博物館はその理念や社会的役割が問い直されている。しかしそうした中にあって、神奈川県博物館協会加盟の各館園では様々な実践を行い、より良い施設の姿を模索している。そのような実践や模索の中からこそ、これからの博物館の新たな理念や社会的役割が見えてくるだろう。

　そこで、本協会では平成26年（2014）に二度にわたり「知っておきたい博物館の話　博物館の未来をさぐる」と題した公開シンポジウムを開催した。先進的あるいは特徴的な活動を行っている館園の学芸員に、現場の実践と課題について報告していただき、それを踏まえた上で、博物館の将来像について議論した。

　第1回は2月8日（土）に神奈川県立歴史博物館を会場に「その理念と実践」をサブテーマとし、とくに博物館の運営母体（公営、民営、指定管理による運営など）と種別（総合、自然系、人文系、地域など）の異なる館園の5人が報告を行った。平塚市博物館の栗山雄揮氏、横浜開港資料館・横浜都市発展記念館の西川武臣氏、新江ノ島水族館の竹嶋徹夫氏、神奈川県立生命の星・地球博物館の平田大二氏、彫刻の森美術館の長沼隆之氏の各氏である。

　第2回は9月28日（日）に横浜情報文化センター情文ホールにおいて「その機能と手法」をサブタイトルに、資料収集と保存、教育、展示、調査・研究、広報・普及活動など、博物館の機能ごとの観点から、先進的あるいは特徴的な実践を行っている館園の5人が報告を行った。相模原市立博物館の秋山幸也氏、かわさき宙と緑の科学館の國司眞氏、神奈川県立金沢文庫の西岡芳文氏、横浜美術館の沼田英子氏、明治大学平和教育登戸研究所資料館の渡辺賢二氏である。

　本部はこの2回のシンポジウムで登壇した10人の報告を収録したものである。それぞれの報告からは、日々現場で悩み苦しみながらも、新しい道を模索する姿が伝わり、博物館で働く者にとっては、自らが抱える課題解決のヒントとなることも多いだろう。またボランティア活動などを通して博物館に関わりをもつ方々、さらに将来博物館で働いてみたいと考えている若い世代の方々が、神奈川県の博物館が置かれている状況と、そこで悪戦苦闘している博物館人に理解を深めるきっかけになれば幸いである。なお、収録された原稿の内容は、平成26年（2014）2月および9月現在ものであることを了解されたい。

第1章
理念と実践

平塚市博物館がめざす地域博物館像

平塚市博物館　学芸担当長
栗 山 雄 揮

1　博物館を語る前提

　高度経済成長期以降、国内では多くの博物館その他の文化施設が建設され、それが町の文化を示す指標であるかのごとくもてはやされてきた。ところが、いわゆる「バブル」が崩壊し自治体の税収が急落するや否や、真っ先に文化施設が経費節減の矢面に立たされることとなった。
　このような情勢の中で、国民は文化施設の存在意義や活動の成果についての説明を強く求めるようになり、また「学校教育」や「生涯学習」あるいは「地域振興」に寄与するべく新たな機能を求めるようになっていく。これに対して文部科学省では平成19年（2007）に「新しい時代の博物館制度の在り方について」において大きな指針を示した。
　しかし、巷には文化施設の在り方についての議論が増えているにもかかわらず、その多くが通りいっぺんの皮相的なものに終始する点に加えて、未だに「入館者数」や「入館者収入」などの数値を無批判に評価する、相も変らぬ「見世物小屋」の視点がはびこるのはなぜなのか。その理由は、文化施設を十把一絡げで議論しているからではないだろうか。
　少なくとも博物館・美術館・科学館・動物園・植物園はそれぞれ施設としての趣旨と目的に明確な違いを持っている。そして博物館

図1　平塚市博物館の外観

だけを見てもその趣旨と目的の違いによって、対象とする利用者や利用形態、評価するポイントは様々なはずである（表1）。これからの博物館の議論は、それぞれの施設の活動趣旨や地域の特性、サービスの対象等を明確に踏まえたうえで、相互に刺激し合えるような議論を進め、具体的な活動に活かしていかなければ意味がないだろう。

❷ 地域博物館

　平塚市博物館（図1）は開館以来、自他ともに「地域博物館」としての立場を明確にしているが、当館が「地域博物館」という性格を考える場合、比較対象として他に「中央博物館」「観光博物館」「学術博物館」「広報博物館」というような分類（表2）を想定したうえで、その中で「地域博物館」を位置づけている。この分類は博物館の性格を限定するものではなく、それぞれの博物館が全ての要素を合わせ持ちつつも、その趣旨・目的や活動の軸をどこに置いているかを示すものと考えている。ここで他の分類と比較しながら平塚市博物館が考える「地域博物館」の在り方を見てみよう。

　「中央博物館」は趣旨や目的という点で地域博物館と同一線上にあると考えられるが、中央博物館が対象とする利用者の範囲は地域博物館に比べて広い。地域博物館が地理的には市町村規模の範囲の住民を想定するのに対し、中央博物館は都道府県から全国規模の範囲の住民を利用者として想定する。地域博物館に比べて施設や予算の規模が大きく広域の資料を収集することから、より多くの資料、あるいは典型的な資料や情報を蓄積できる立場にあり、専門的研究のリーダーシップも求められている。展示活動においては、対象区域の自然と文化に関する基本情報を得ることができるよう、各分野で基準となる資料を公開する必要がある。その結果、当然のことながら展示規模は大きくなり、展示資料にも優品や逸品が多くなる。表面的には地域博物館の展示よりも高い評価を得てしまうものだが、地域博物館が必ずしもそうした展示を目指す必要はない。一方で、中央博物館利用対象者の大半は博物館から遠距離の範囲に居住しており、日常的に利用できる住民の割合は低い。このため、年間を通して継続的に実施する行事の実施には不向きであると言える。

　「観光博物館」で想定する利用者の主体は観光客である。利用者の居住地や生活様式が多様である反面、「レクリエーション」という明確なニーズを

表1　博物館の分類例

・設立の目的による分類	地域博物館	中央博物館	観光博物館	学術博物館	広報博物館
・対象とする分野による分類	総合博物館			専科博物館	
・想定する利用形態による分類	放課後博物館			遠足博物館	
・設立の契機と趣旨による分類	アルバム博物館			額縁博物館	
・設立主体による分類	公立博物館			私立博物館	
・運営形態による分類	直営博物館			外注博物館	

表2　博物館の目的と特性

	利用者			資料傾向		活動形態	主たる目的
	対象	特性	頻度	対象	種別		
地域博物館	地域	一般	高い	全般	普遍	協働	地域の資料や情報の収集・整理・活用
中央博物館	広域	一般	中庸	全般	普遍	提供	広域の資料や情報の収集・整理・活用
観光博物館	広域	一般	低い	限定	特殊	提供	観光資源のPRと観光客の誘致
学術博物館	広域	専門	低い	限定	特殊	提供	学術研究成果の公開
広報博物館	広域	一般	低い	限定	特殊	提供	事業のPR

持っている。観光博物館の目的は周辺の観光資源と一体となって利用者のニーズに応えることであり、地域への集客要素の一つとなることが求められる。ここで展開される展示は、当該地の観光資源情報を中心にして、その学術的な情報とともに観光地としての魅力を伝える必要がある。実施行事も継続的な参加を期待するものではなく、来館時、それも短時間に完結するものが有効である。

「学術博物館」は大学や研究機関がその研究活動の成果を公開することを目的とする博物館で、専門家やある程度の専門知識を持つ愛好家が対象となる。

「広報博物館」は主に企業や行政機関が、その事業内容や成果を周知することを目的とした施設である。利用対象の範囲は観光博物館と同様に広く、展示や行事にはエンターテインメント性が重視される。継続的な参加を求める行事は効果が希薄である。

以上のような比較をもとに「地域博物館」を一文で表現すると、「①市町村規模の範囲の住民を対象とし、②住民が日常生活の中で繰り返し訪れて利用することを前提として、③地域の資料や情報を収集し研究・蓄積して未来に伝える」と言える。そして地域博物館としての平塚市博物館は、自然と文化の双方の視点から地域の姿を探る「総合博物館」として、住民の日常生活

に近い距離で接することができる「放課後博物館」として、また日々資料や情報を蓄積して継承する「アルバム博物館」として活動してきた。その活動を安定的かつ中立的に継続するための体制として、公立の直営を維持してきたのである。

❸ 地域博物館としての平塚市博物館の歩みと現在

昭和51年（1976）5月に開館した平塚市博物館は平成26年（2014）で開館39年を経過している。これまで地域博物館の先駆として一定の評価を得てきたと考えているが、それは建設にあたって活動の理念が周到に議論された結果であることは疑いない。開館当初の平塚市博物館の使命は年報第1号にこう記されている。

【目的】市民が、みずからの生活の場を、自然的にあるいは文化的に展望することにより、現状を見つめ、将来の夢を育て、さらに市民としての自覚と誇りを持つことをたすけ、精神的な豊かさを得られるような場を提供し、あわせて望ましい人間形成に資することを目的とする。

【性格】本市をとりまく地域の歴史をさぐり、現在を明らかにするとともに、将来のくらしと文化を創造する核として、特色ある地方博物館の性格を持つものである。（平塚市博物館 年報第1号　1977年3月）

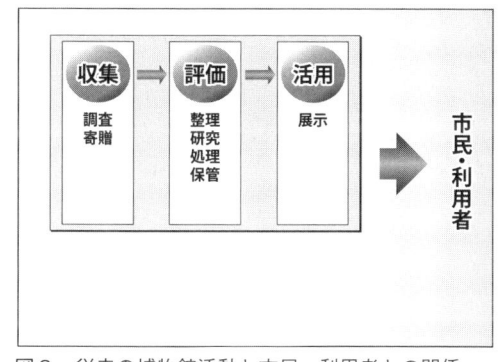

図2　従来の博物館活動と市民・利用者との関係

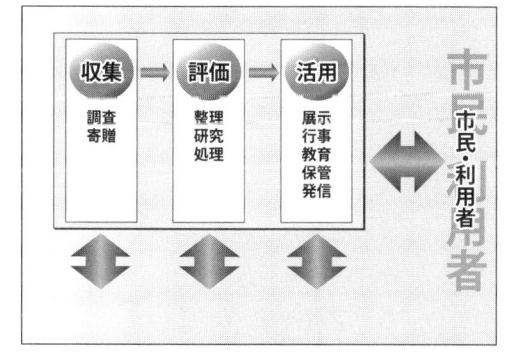

図3　平塚市博物館の博物館活動と市民・利用者との関係

図4　石仏を調べる会の調査

図5　相模川を歩く会の活動

　この一文には、主たる利用者である「市民」こそが博物館活動の主役であるという姿勢が示されている。そしてその成果は、単に市民の知的欲求を満足させるだけのものではなく、市民一人一人が住民としての自覚と誇りを持つことであり、地域づくりの確かな担い手の醸成なのだと示唆する。博物館法で規定される「歴史・芸術・民俗・産業・自然科学等に関する資料を収集し、保管し、展示して教育的配慮の下に一般公衆の利用に供し、その教養・調査研究、レクリエーション等に資するために必要な事業を行い、あわせてこれらの資料に関する調査研究をすることを目的とする機関」という博物館の目的が、その先に何をもたらすのかという点まで見通しているのである。

　この理念に基づいて作られた平塚市博物館は、従来の博物館に求められていたもの（図2）とは異なる活動の形態を見せていく（図3）。図2では資料の収集、評価、活用の3要素を博物館の根幹事業に位置付けてはいるものの、利用者は展示や事業を通してその成果を享受する立場としてしか位置付けられていない。一方平塚市博物館では、資料の収集や調査、資料の整理や研究、そして活動成果の活用に至るそれぞれの段階で、市民と一緒になった活動を展開してきた。この活動は「教育普及行事」という形で展開されるものがほとんどを占めており、調査活動のボランティア組織があるわけではない。例えば、たんぽぽの分布調査を行った「みんなで調べよう」は在来種と外来種の分布と開発状況の関係を明らかにした。石仏を調べる会（図4）では市域の石造物を丹念に調べ「平塚の石仏」シリーズを刊行し、現在も改訂版を上梓し続けている。「裏打ちの会」は収蔵している古文書の裏打ち作業を続け、

資料の史料化という作業の欠かせない戦力になっている。1987年から1994年まで全分野が協力して実施した「相模川を歩く」(図5)では、相模川の流域を河口から源流まで踏破し、その結果を「相模川事典」(図6)として刊行した。

こうした活動の結果、平塚市博物館は単に優品や逸品を陳列して見せる見世物小屋ではなく、古いものや珍しいものをとっておく物置きでもなく、そして来館者に対して一方的に知識や情報を提供するカルチャーセンターとも一線を画した、地域博物館としての活動を継続することができたのである。このことは、近年支持されている「生涯学習」や「市民協働」の考え方を、当初の段階から自然な形で実践してきたとも言える。

図6　相模川事典

❹ 平塚市博物館の現在の課題

現在の平塚市博物館が抱える最大の課題は、なんと言っても建物と設備の経年劣化なのであるが、物理的に不可抗力な課題は別として、「活動の継続」による大きな課題がのしかかっている。表3は博物館が持つスペース(床面積)をどういう目的に利用しているのかを、開館当初と現況とで比較したものである。延べ床面積が増加しているのは、館内の収蔵室に収蔵しきれなくなった資料を保管するために別の施設を確保したことに起因している。

両者の変化の中で最も顕著なのが、資料の収蔵に供する面積が絶対量・相対割合ともに激増している点である。博物館を建設する際にはとかく常設展示が優先され、収蔵などの地味な設備は付け足し程度になってしまうものだが、実際に博物館の活動を続けていくためには収蔵こそが重要であることを痛感している。先に触れた別施設の増加分のほかに、資料によっては常設展示のバックヤードや管理スペースの一部の用途を変更するなどしてしのいでいる。また、市民とともに展開する事業で生み出される成果物や中間成果物、展示のための台やケースといった用具類を保管しておくスペースも、建設当時にはあまり意識されていなかったと考えられ、講義用の部屋に置かれるこ

表3　平塚市博物館のスペース利用

	開館当初		現況	
展示	1529㎡	39.00%	1457㎡	28.90%
教育普及	423㎡	10.80%	383㎡	7.60%
調査研究	279㎡	7.10%	287㎡	5.70%
収蔵	377㎡	9.60%	1473㎡	29.30%
保管	92㎡	2.30%	231㎡	4.60%
管理	1226㎡	31.20%	1202㎡	23.90%
	3926㎡	100.00%	5033㎡	100.00%

とによって教育普及用のスペースを圧迫している。

日々蓄積される資料や成果物の収蔵・保管について苦慮している博物館は平塚市博物館だけではないと思われるが、地域博物館にとってこうした資料等の増加は活動の活性を示す大きなバロメーターであり、これを鈍化させることは許されない。ただ、収蔵や保管の重要性について一般に広く理解されるためには、かなりの時間と労力を要するであろう。しかし、その説明を放棄することは博物館事業そのものを放棄することに外ならない。

❺ 地域博物館としての平塚市博物館が目指す将来像

39年間の平塚市博物館の活動は、地域博物館の一つの方向性を具体化し世に問うものであったが、開館に携わった学芸員はすべて定年を迎えた。学芸員は第2世代への交代期を迎えており、開館当初に構築された地域博物館としての理念をどのように継承していくかが問われている。これまでの活動がもたらしてきたものを検証すると同時に、今日の情勢に照らして改善する点や強化する点を検討する必要があると考えている。この課題について、平成22年（2010）から平成23年（2011）にかけて、全学芸員による検討を重ね、今日的な視点による理念を「平塚市博物館の理念を検証する」としてまとめた。このまとめは現時点で内部資料であるが、いずれ公表する予定である。

「平塚市博物館の理念を検証する」では平塚市博物館の目的を以下のようにまとめた。

　　「地域博物館」は様々な資料と情報を収集し研究することによって『地域』の姿の現状と経歴を明らかにし、現生の住民に提供するとともに、その資料と情報を確実に保管して継承することによって未来の住民に資するという使命を負っている。「地域博物館」の持つ資料と情報が、人々の『地域』への帰属意識や愛着・誇りの核として機能したとき、人々は

はじめて『"地域"の住民』として心豊かな社会構築の戦力になるのである。全ての博物館事業はそのために実施されるべきである。（平塚市博物館の理念を検証する2011〈内部資料〉2011年8月）

　ここでは開館当初の理念を指示し確実に継承するとともに、博物館の活動によって得られた地域の資産は、現世代だけのものではないという点を強く示した。これは、博物館が蓄積している資料や情報、様々なノウハウ、人的なネットワーク、そして博物館の活動全体が「継続」していくことに積極的な意義を見出した結果でもある。

　地域博物館が果たすべき使命は「過去」と「現在」を「現在」に活かすだけでは不充分であり、利用者である市民ともどもその指針を「未来」に定めなければならないのである。博物館活動についての評価の目が厳しくなり、活動成果の説明が詳細に求められる情勢の中で、入館者数や行事の参加者数といった目先の数値に左右されてしまう風潮、あるいは展示など目に見える形でしか「活用」を理解しない風潮の蔓延によって、調査・研究・保存・保管といった博物館の根幹を支える活動が蔑にされ、「未来の市民に何を伝えられるのか」という命題が蔑にされる傾向に対する警鐘と言っていい。

　平塚市博物館は「相模川流域の自然と文化」というメインテーマのもと、地域の資料と情報を丹念に調査・収集し、整理・研究を通して地域の在り方そのものを記録し、解明し、次の世代そして未来の市民に継承する活動を、基幹の務めとして継続していくべきであると考えている。その活動を利用者とともに進め、さらに多くの住民に発信していくことで、本当の意味で地域を愛し、地域を担っていく住民が増えていく。平塚に限らず、これからの地域博物館が住民に還元できる果実は、我々が考えるより遙かに大きいのかもしれない。

おわりに

　博物館の命が「実物資料」であることは何も地域博物館に限ったことではなく、すべての博物館に当てはまる基本中の基本なのだが、ＩＴ環境の変化は実物資料の評価を薄めつつある。利用者からはインターネットによる資料や画像などの情報検索機能を充実するよう強く求められ、それに対応することが良しとされてきている。つまり、居ながらにして博物館を利用したいと

いうニーズが増大しているわけだが、その反面、未だに入館者数の減少には厳しい評価が下される。ここだけを見ても理不尽な状況は明白なのであるが、実際に来館する利用者の動向を見てみると、更に疑問が膨らんでくる。

　展示においては資料の詳細な情報が求められるとともに、装置やグラフィックを多用した展示手法が高く評価される反面、多くの利用者は実物資料を見ることを忘れてひたすら解説文を写し取り、あるいは写真を撮って済ませてしまう。知的好奇心が満たされたことで利用者は大きな満足感を得、博物館は「市民のニーズに対応」しているとして高く評価される。ところが、実物資料を見ることなく、提示される情報を追いかけることに慣れてしまった利用者は、身の回りのあらゆる"モノ"や環境から情報を読み取る力を失ってしまい、自ら調べ、学んでいく姿勢を持たなくなってしまう。実物資料に接してつぶさに観察し、自らの目で情報を引き出してゆく力や楽しさとは無縁の、極めて皮相的なものであることには気づいてもいない。それも一つの「生涯学習」なのかもしれないが、個人の満足で終わってしまい、そこから先の広がりは期待できない。そして、余所よりも見栄えのする展示と一人でも多く参加者を集めるイベントが注目され、担当する学芸員は数字で示すことができる結果を瞬時に求められる。「長年にわたる地道な活動」などという言葉は死語になったかのように感じられる。挙句、事業の採算性を問うところまで来てしまうと、もはや博物館ではなく見世物小屋としか言いようがない。このような状況が博物館にとって、そして住民にとって良いはずはない。

　平成26年（2014）7月、平塚市博物館に収蔵されていたキノコの標本が、専門家の研究によって新種と認められた。市民とともに続けてきた調査によって採集されたもので、キノコが最初に採集されてから19年目の成果である。博物館が収集する資料とはそうしたもので、その時々にすべて評価できるものではない。研究の進展や類例の増加、あるいは調査方法や分析技術の向上によって、新たな意義を見出されるものが少なくない。

　こうした「地域に足の着いた」活動によって収集された資料や情報こそ、胸を張って未来の市民に受け渡すことができる地域博物館の成果である。これは真の学芸員無くして続けられるものではない。

指定管理者制度の導入と人文系博物館

横浜開港資料館・横浜都市発展記念館副館長
西川 武臣

はじめに

　私が勤務する公益財団法人横浜市ふるさと歴史財団が運営している5つの施設に指定管理者制度が実施されたのは平成17年（2005）のことで、財団は1期5カ年間の審査を2回受け、2回とも施設の指定管理者となり、現在に至っている。
　指定管理者制度とは地方公共団体などが設置した施設の管理・運営を、公募によって選ばれた団体や企業に委任する制度のことで、地方自治法の改定によって始まった制度である。これによって全国各地の「公の施設」の管理・運営が、地方自治体の設立した外郭団体と呼ばれる財団だけではなくNPO法人や企業によってもおこなわれるようになった。しかし、博物館・文書館・図書館などの施設については指定管理者制度による管理・運営がもっとも良いのかについては多くの議論があり、必ずしも定まった評価があるわけではない。指定管理者制度が導入されて10年近い歳月が流れ、博物館や文書館などの専門性や永続性が求められる施設については、期間が定められ、施設の管理・運営をする団体が頻繁に変わる可能性がある指定管理者制度がもっとも良いのかどうかについては疑問が投げかけられることも多い。
　そうした現状の中で公益財団法人横浜市ふるさと歴史財団の場合を例にして、指定管理者制度が現在抱える課題を示し、指定管理者として施設を管理・運営していく上での苦悩を紹介したいと思う。なお、指定管理者制度については財団においてもさまざまな議論があるが、本稿は職場の決裁を経たものではなく、文責はすべて私にあることを断っておきたい。また、本稿で示した施設の現状や指定管理者の選定方法は平成26年（2014）夏段階のものであり、本書が刊行された段階では変わっている可能性があることも断ってお

きたい。

❶ 各施設の歴史と指定管理者制度

　私が勤務する公益財団法人横浜市ふるさと歴史財団は、横浜市が設置した博物館や文書館的な施設を管理・運営する団体である。現在、横浜市歴史博物館・横浜開港資料館・横浜都市発展記念館・横浜ユーラシア文化館・横浜市三殿台考古館（以上の5施設は指定管理者制度のもとで運営されている）、横浜市史資料室・埋蔵文化財センター・横浜市八聖殿郷土資料館（以上の3施設は横浜市からの委託を受けて運営されている）の8つの施設の運営をおこなっている（表1）。以下に主要な施設の概略を紹介するが、この内、比較的古い

表1　公益財団法人横浜市ふるさと歴史財団が運営する施設

施 設 名	所 在 地	指定管理
横浜市歴史博物館	横浜市都筑区中川中央1-18-1	○
横浜開港資料館	横浜市中区日本大通3	○
横浜都市発展記念館	横浜市中区日本大通12	○
横浜ユーラシア文化館	〃	○
横浜市三殿台考古館	横浜市磯子区岡村4-11-22	○
埋蔵文化財センター	横浜市栄区野七里2-3-1	
横浜市史資料室	横浜市西区老松町1　横浜市中央図書館B1	
横浜市八聖殿郷土資料館	横浜市中区本牧元町76-1	

※「指定管理」に○が付いている施設は指定管理者制度によって運営されている。

歴史を持つのは三殿台考古館であり、縄文から古墳時代にかけての遺跡（三殿台遺跡）を紹介する施設として昭和41年（1967）から活動している。次に、埋蔵文化財センターは昭和45年（1970）の設立であり、現在は港北ニュータウン地域から発掘された出土品の整理事業を中心に、埋蔵文化財についての普及啓発活動をおこなっている。これらの施設はいずれも教育委員会が管轄している。

　一方、横浜開港資料館（図1）は、

図1　横浜開港資料館旧館

昭和 56 年（1981）に、第 1 期横浜市史の編纂過程で集められた資料と開設準備室が収集した資料を基礎として開館した。対象とする時期は江戸時代後期から関東大震災までで、横浜が国際都市として発展していく歴史に関する内外の資料に加えて、市内の旧家が所蔵する古文書も積極的に収集している。当初は総務局が管轄していたことから、文書館的な機能を重視し、展示だけでなく閲覧室の運営にも多くの職員を配置している。また、横浜都市発展記念館は、昭和期以降の横浜の歴史を中心に、当該時期の都市形成、市民生活や市民文化を企画展示などで紹介する施設として平成 15 年（2003）に開館した。なお、横浜開港資料館と横浜都市発展記念館は現在、教育委員会が管轄している。さらに、横浜市史資料室は昭和 60 年（1985）に編纂が始まった第 2 期横浜市史の編纂過程で集められた昭和期の歴史史料や行政文書を閲覧室で公開する施設として、平成 16 年（2004）に開設された。管轄は総務局法制課であり、法制課の委託を受けて財団が運営している施設である。
　最後に、横浜市歴史博物館は、平成 7 年（1995）に開港までの横浜の歴史に関する資料を扱う博物館として開館した。「横浜に生きた人々の生活の歴史」をテーマに、展示や講演会、学校連携事業を積極的におこなっている。なお、横浜市歴史博物館も教育委員会が管轄している。以上のように財団が管理・運営する施設は開設に至る経緯も機能・役割もそれぞれ違っており、市役所側の窓口も教育委員会と総務局に分かれている。また、指定管理者制度のもとで運営される施設もあれば、市役所から委託を受けて業務をおこなう施設もある。さらに、扱う資料や対象とする時代もそれぞれである。しかし、横浜の考古から現代までの歴史を一体的に市民や研究者に紹介するためには、これらの施設が密接に連携する必要があることは間違いなく、財団では施設を超えて展示を企画したり、所蔵資料を活用したりしている。また、そうした連携事業は市民から高い評価を受けている。
　ところで、指定管理者制度のもとでは審査が施設ごとにおこなわれることが多い。これは施設ごとに条例が定められていることによっており、審査を受ける団体・企業は、条例に記された施設の役割や機能を果たすためのさまざまな事業計画を審査委員に提案することになる。しかし、審査が施設ごとにおこなわれる結果、ある施設は財団が運営し、ある施設は企業が運営するというような事態も想定され、その場合、現在、おこなっているような施設間の連携がうまく機能するのかという不安がある。はたして次期の指定管理

者の選定がどのようにおこなわれるのか分からない点もあるが、さまざまな博物館や文書館が設置されている自治体においては、指定管理者制度のもとでどのように施設間の連携事業を実施し、多くの施設が一体的に地域の歴史を紹介していくべきなのかという問題は大きな課題であろう。

❷ 指定管理者制度実施の目的は

　平成17年（2005）以降、横浜市では条例によって設置されたすべての施設に指定管理者制度を導入したが、そもそも横浜市が指定管理者制度を博物館に導入したのはなぜなのであろうか。横浜市は、第1期の審査に際してホームページに指定管理者制度導入の理由を掲載したが、そこには「民間の活力を活用することにより住民サービスの向上と経費の削減をはかる」と記されている。一読するともっともと思いがちであるが、本来は経費を削減すれば、サービスが低下するはずである。また、民間の活力を活用するだけで、市民サービスの向上をはかりつつ経費を削減するという難題が解決できるのかも分からない。

　確かに景気が回復しつつあるとはいえ、横浜市の財政状況が悪化した状況下にあって、博物館が税金を使って運営している以上、施設運営費や人件費の抑制は必然である。また、さまざまな機関や団体、個人から補助金や寄付金を得ることや出版物・ミュージアムグッズなどの販売強化によって収入増加に努めなければならないことも確かである。さらに、厳しい状況にあっても、一層の利用者サービスの向上をはかっていかなければならないことも承知している。しかし、こうした課題が、指定管理者制度を導入することによって一気に解決するとはどうしても思えないのである。

　では、実際に指定管理者制度導入の過程でなにが起こっていたのであろうか。財団の場合、指定管理者選定の審査を受ける際に、予算を抑制していくことを自ら提案した。また、予算を抑制する場合、市民サービスが低下したように見せないため、事業費（展示・講座・市民協働事業費など）の削減は最低限に止め、資料購入費や資料整理のための臨時職員の賃金、さらには調査費などを削減していくことになった。横浜開港資料館を例に取れば、そうした計画のもと上記の項目のほか、外部の研究者と共同でおこなう研究費なども年々減少傾向にある。こうした削減が長期にわたれば、最

終的には市民サービスの低下につながることは間違いなく、設置者である自治体は、指定管理者に経費削減の方法を決めさせるのではなく、厳しい財政状況の中でどのようにして博物館の機能を守るかを指定管理者制度の中でも示すべきであろう。

　ところで地域博物館は文化財施設としての使命を持っている。その第一の使命とは地域に残された考古・歴史・民俗に関する資料を収集し、次の世代に引き継ぐことにある。また、収集すべき資料を決めるために調査や研究をおこない、時に応じてその成果を展示・出版・講座などで市民に公表することが必要である。こうした作業を積み重ねることによって、地域の歴史は明らかにされ、地域にとって残すべき資料や情報が博物館に蓄積されていくことになる。この一連の作業は、必ずしも収益に結びつくものではなく、そのため本来は民間ではなく自治体が責任を持って博物館の運営にあたるべきと考えている。もちろん厳しい財政状況で博物館の費用が捻出できなくなることもあろう。その場合は市民に対し、予算の削減をせざるを得ない状況にあり、本来持っている使命を果たすことができなくなったと公表すべきであろう。指定管理者制度を導入することによって、経費を削減しながら市民サービスが向上できるなどというのは幻想にすぎない。

　こうした状況下で指定管理者制度導入後、地域博物館の使命が地域に残された考古・歴史・民族に関する資料を収集することであるとは発言しにくくなっている。現在の博物館がアミューズメントパークとしての要素を持っていることは間違いなく、展示などもできるだけ多くの人が楽しめるものにする必要はある。また、ワークショップやイベント開催などにも積極的に取り組む必要がある。しかし、費用対効果や入館者数だけが問題にされ、本来やらなければならない使命がなおざりにされていくことには大きな問題がある。

❸ 「特命」による指定管理者の選定

　先に指定管理者制度とは地方公共団体などが設置した施設の管理・運営を、公募によって選ばれた団体や企業に委任する制度のことであると述べた。事実、横浜市の博物館においては、第1期の指定管理者選定は公募によって実施され、横浜開港資料館については財団と株式会社乃村工藝社が審査に応募した。しかし、第2期の指定管理者の選定では公募がおこなわれず、財団だ

けが審査を受けた。非公募は例外的なものではあるが、「公の施設」の管理・運営を公募にするのか、従来から施設を運営してきた団体（自治体の出資法人や公共団体）に任せるのかは（これを「特命」と呼んでいる）、首長が決定することになっている。

　たとえば、「横浜開港資料館条例」は第4条で業務を「指定管理者」におこなわせると記しているが、その選定方法については定めていない。施設によっては条例で公募を決めている場合もあるが、そうでない場合は首長が選定方法をその都度決めることになる。はたして第2期の選定において、横浜市がどのような理由で「特命」にしたのかは分からない。しかし、長期にわたって財団が蓄積してきた専門性や関係者との信頼関係が博物館を運営するために必要であると評価されたのではと思っている。そこで、ここでは、財団が持っている専門性や関係者との信頼関係について触れておきたい。

　財団では平成26年（2014）7月から横浜開港資料館において、スイスとの通商条約締結150周年を記念して「スイス使節団の見た幕末の日本」という企画展示を開催した。この展示のストーリー作りの題材となったのは、日本と通商条約を結ぶために文久3年（1863）に来日したスイス使節団の一員カスパー・ブレンワルドの日記であった。現在、日記はスイスにあり、財団では平成20年（2008）からスイス系商社のＤＫＳＨジャパン株式会社（カスパー・ブレンワルドが横浜で設立したスイス系商社の業務を引き継いだ会社）の協力を得て日記の解読を進めてきた。日記はドイツ語で記され、財団では解読のためのプロジェクトを立ち上げ、大学の研究者、ドイツ語の翻訳者と財団の専門職が協力しながら幕末に記された日記の解読を進めている。また、解読にあたってはＤＫＳＨ社から日記の原本の写真やタイプ打ちの複製の提供を受けている。

　ところで、こうした専門性の高い業務が実施できるのは、財団が研究者のネットワークを持っていたからであった。従来から財団では内外の研究者と多様な共同研究をおこない、研究の成果を展示や出版で紹介してきた。研究によっては10年以上の歳月がかかるものもあるが、今回のスイスとの通商条約締結に関する展示や日記の解読作業もこうした財団の伝統に支えられて可能になった。また、日記が財団に持ち込まれるにあたっては、神奈川新聞社の重役であった方がＤＫＳＨ社（当時のシイベル・ヘグナー社、後にＤＫＳＨ社に社名を変更）と親交があり、神奈川新聞社を通じて日記の解読をして

みないかとの話があった。日記は幕末の横浜を取り巻く政治情勢やスイスとの通商条約締結の過程を知るための一級資料であるが、こうした業務が速やかにできたのは、財団がさまざまな情報の集まる地域のマスコミと強い信頼関係を築いていたからであった。

　一方、横浜の歴史を現在に伝える古文書を所蔵する地域の旧家とも財団は強固な信頼関係を持っている。たとえば、横浜開港資料館は、開館以来30年にわたって市内の旧家に伝来した古文書の調査・整理・収集・公開をおこなってきた。私は、こうした業務を担当してきたが、私が一度でも手にしたことがある古文書は十数万点に達することは間違いなく、現在、私が横浜開港資料館に寄贈・寄託や複製化によって収集した旧家の資料は十数軒、4万点を超える。

　ところで、旧家に伝来した資料を調査・収集・公開させていただくためには、その家の人と強い信頼関係が必要である。何度も何度も足を運び、地域の歴史を明らかにする必要性を述べ、なにが起ころうと財団と担当者が貴重な資料を次の世代に伝え続けることを信じていただかない限り、蔵の鍵は決して開くことはない。また、資料の中には家のプライバシーに関するものが含まれることが多く、個人的にも学芸員が信頼を得なければ資料を見せていただけないことも多い。

　地域の歴史は著名な政治家や企業・財界人の業績だけで作られるわけではなく、名もない庶民の人生の積み重ねで構築される。また、そうした人々の人生を展示・出版・講座・講演会で現在の人々に伝えることが博物館を運営する財団の重要な仕事である。さらに、私が担当してきた旧家の資料は、そうした活動を支える貴重な材料であり、収蔵庫に集められた資料は、かつて横浜で生きた人々の人生の記録である。はたして公募による民間企業の参入が旧家と博物館との関係にどのような影響を与えるのかについては分からない。しかし、私が関係を持ってきた旧家の中には第1期の審査の際に、民間企業が横浜開港資料館を運営するようになるのであれば、資料の寄贈や寄託を白紙に戻し、資料を返却してもらいたいと打診してきた家が複数あったことは事実である。

　また、指定管理者制度の導入後、私は旧家の方々に指定管理者として認められた期間しか責任を持って資料を預かることしかできなくなったと言うしかなくなったことも事実である。確かに、資料の寄贈や寄託契約は旧家と横

浜市が結ぶものであり、指定管理者はその間を仲介しているにすぎない。しかし、私と旧家の信頼関係、あるいは財団と旧家との信頼関係を前提として資料の寄贈や寄託がおこなわれていることは間違いない。こうした財団と旧家との信頼関係によって博物館は維持されているのであり、指定管理者の選定を非公募の「特命」にする必要があることは間違いない。

❹ 指定管理者制度のもとでの苦悩

　平成17年（2005）の指定管理者制度の導入後、なにが変わったのだろうか。まず、もっとも大きな変化は市役所から休職派遣されていた職員が市役所に引き上げたことである。指定管理者制度のもとで、財団は外郭団体ではなく民間業者のひとつとして見なされるため、市役所からの独立性を高めることが求められる。具体的には派遣職員の減員である。一般的に、指定管理者制度の導入以前には、財団が運営する博物館では多くの自治体からの派遣職員が働いてきた。当財団でも同様であり、特に事務系の仕事については派遣職員に依存する面が強く、事務系の係長以上の管理職に多くの派遣職員がいた。しかし、現在、当財団では理事を兼ねる局長一人が派遣職員であり、残りは市役所の退職者が数名と財団の固有職で占められている。そのため事務系管理職の育成が大きな課題になっている。

　一方、予算の面では先述したように、財団は予算を削減していくことを自ら提案した。そのため、事業費を大幅に削ることができないため、退職者の補充をおこなわないことで予算削減をおこなっていくしかない現状にある。第2期の指定管理期間においては、若干の人員増をおこなったものの、今後の退職者の補充をどのように実施していくのか、少ない職員で市民サービスのレベルを下げないようにするのかを考えていくことを迫られている。

　これに加えて、当財団が運営する施設の中には有料入館者数が思っていたより伸びない施設があり、こうした点を内外から批判されることがある。もちろん博物館の評価が有料入館者数や費用対効果だけでおこなわれるわけではない。先述したように地域に残された歴史資料を次の世代に伝える役割、小学校・中学校と連携した子供たちへの教育や成人への社会教育に関与していくことも評価の指標ではある。しかし、魅力ある企画展示や関連事業を開催することによって有料入館者を増加させ続けることが必要なことは間違い

ない。特に、当財団が運営する施設には観光地に建っている施設が多く、こうした観光客を取り込むことが課題である。文化財施設としての役割とアミューズメントパークとしての役割をどのようにバランス良く果たしていくのか課題は多い。

また、先述したように、当財団は指定管理者制度のもとで5つの施設を運営しているが、費用対効果が問題にされる場合、将来、施設の統廃合がおこなわれる可能性もある。統廃合は横浜市が決定することであり、指定管理者である財団が発言できることではないが、長く運営に携わってきた立場から、どのように各施設を将来にわたって運営していくべきかを考え提案する必要はあろう。

ところで、指定管理者選定の審査では、財団が実施する事業についての事前・事後の評価制度を確立することが要求された。その結果、現在多くの事業について事業計画書の提出が求められ、事業実施後は月次報告書、四半期報告書、年次報告書の提出がおこなわれている。また、年次ごとに横浜市からモニタリングを受けるほか、外部委員による審査・評価も受けている。評価制度については、業務を計画的に実施し、職場内において複数の職員が仕事を共有するきっかけになり、仕事を見直す契機になっている。しかし、計画書や報告書の作成が職員の新たな負担になっている面もある。また、評価制度のあり方については、今後もより良い方法を模索する必要があり、事業を活性化するために役立ち、最終的に市民サービスの向上につながる評価制度を作り上げることが急務である。少なくとも計画書や報告書の書類の数だけが増加し、形式的な評価制度だけが残っていくようにならないことが求められる。

5 将来に向けてのいくつかの道

平成27年（2015）、財団は第3期の指定管理者の審査に臨むことになる。横浜市は現在のところどのような審査をおこなうのかを公表していない。そのため、横浜市が設置した博物館の運営がどのような形でおこなわれるのかについても分からない。また、指定管理者制度そのものも将来おこなわれ続けるのかについても分からない。地域博物館にとって指定管理者制度による運営がベストなものでないことは確かである。特に指摘されるのは、先に述

べたように指定管理者が短期間に変わる可能性があることであり、博物館の事業、特に調査・研究に関する事業が継続的におこなえないことである。そのため、「特命」による指定管理者の選定がおこなわれるようになったことは先述した通りである。また、指定管理期間も5年から10年にすることも各地の美術館や動物園で協議され始めている。

　一方、指定管理者制度を廃止し、博物館を運営する団体を独立行政法人にすることも各地で検討されている。一般的に独立行政法人の場合、運営期間は特に定められていない。そのため、永続的な経営が保障され、長期にわたる職員配置計画が立てやすいという利点がある。しかし、指定管理者よりも施設運営について独立行政法人は経営責任を問われるため、はたして従来の財団にそれだけの経営能力があるのか検討する必要がある。横浜市の場合は動物園の運営について独立行政法人の設置を検討しているようだが、当財団の場合は組織の規模や人材から見て独立行政法人の設置は難しそうである。

　さらに、横浜市の場合は、既に財団による運営が数十年にわたっておこなわれているため（指定管理者によって運営する施設としてはもっとも古い歴史を持つ横浜開港資料館は約30年間、財団が運営している）、簡単にはいかないが、本来、地域博物館は自治体の直営で運営すべきものかもしれない。学芸員についても自治体が責任を持って雇用し、文化財施設としての役割を果たしていくことが必要なのかもしれない。ところで、私自身は横浜開港資料館が開館した際に財団に雇われたが、その際、直営で資料館を運営するよりも財団で運営した方が多くの人材を雇用できるとの議論を聞いたことがある。

　つまり、直営で人材を雇用した場合、人件費として予算が計上されるが、財団で人材を雇用すれば横浜市の予算では委託費として人件費が計上され、人件費の割合が高いとの批判を逃れることができると言うのである。なんとも不思議な議論ではあったが、人材を確保するために本来、自治体が責任を持たなければならない文化財施設の運営を財団に任せてしまったように感じないでもない。指定管理者制度が地域博物館に導入されて10年近い歳月が流れたが、今後もこの制度の行く末を見つめ続けていきたいと思う。

新江ノ島水族館の現状と課題

新江ノ島水族館　展示飼育部長
竹 嶋 徹 夫

はじめに

水族館をとりまく環境は、ここ数年大きく変化してきている。生物の生息環境の変化により数が減り、レッドデータブックやワシントン条約のリストに加えられるなどして入手が困難になった生物が増えてきている。また、社会一般に、種の保存や環境保全への考え方が浸透してきている。

そんな中で水族館に求められているものも多様化してきている。ここでは、観光地に立地する私立の水族館に勤める飼育係の立場から当館の「現状と課題」について述べる。

1 沿 革

平成26年（2014）4月15日、新江ノ島水族館は開館10周年を迎えた。当館の前身である旧・江の島水族館（図1）は、昭和29年（1954）7月1日開館であり、ここから数えると今年は、開館60周年の節目の年にあたる。

旧・江の島水族館は、当時の映画会社「日活」の社長　堀　久作が景勝地江の島にふさわしい施設をと考え、構想から開館までわずか2年という短期間のうちにこの事業を成し遂げた。ちなみに堀　久作は、現在の新江ノ島水族館の堀　由紀子館長の義父にあたる。

旧・江の島水族館はモダンな外観だけでなく、ろ過装置、水温調節装置を備え、また、樹脂製の配管資材を用いるなど近代的水族館の草分けとして一時代をつくった。

ここで注目したいのは、前進的であったのはハード面だけではなく、水族館に「堀海洋研究所」を併設していたことで、当時から研究ということが

第1章　理念と実践

重視されていたことである。このことについては次のような伏線がある。

話は明治10年（1877）に大森貝塚を発見したことで知られるE.S.モースにまで遡る。

モースは東大で動物学の教鞭をとり、日本に進化論を紹介し、また、自身の研究テーマのために江の島に臨海実験所をつくった。このことにより、江の島は日本の海洋生物学発祥の地とされている。モースの薫陶を受けた弟子の石川千代松。この人は後に初代上野動物園長になられた方で、石川は直弟子である雨宮育作と

図1　旧・江ノ島水族館

図2　2号館　マリンランド

共に江の島に水族館をつくることを提唱した。それを知った堀は、雨宮育作を初代館長に迎えた。雨宮館長の指導のもと、昭和32年（1957）に水族館における研究業績が、水族館資料としてまとめられたが、その後も水族館資料の刊行は不定期ながら今日まで継続している。

昭和32年（1957）には2号館江の島マリンランド（図2）を開業。水量約5,000トン、建物内に作られたプールとしては日本最大の規模を誇り、日本で初めて本格的な小型歯鯨のショーを公開し、昭和34年（1959）には、日本で初めてバンドウイルカの繁殖に成功している。

昭和39年（1964）には、海獣類の展示飼育施設、3号館海の動物園（図3）を開業し、総合水族館の基礎を築いた。

その後、平成16年（2004）の閉館までの50年間、ミナミゾウアザラシの国内初飼育展示やクラゲ類の常設展示など、常に国内外の水族館のパイオニアとしてさまざまな新しい試みに挑戦し続けてきたが、1990年代に入る

29

図3　3号館　海の動物園

と施設の老朽化により、新水族館への再整備構想が模索された。平成9年（1997）に江の島で開催された国際シンポジウム「湘南・相模湾の水族館21世紀に向けて」では海外の著名な水族館の館長や研究者が集まり、湘南にふさわしい次代の水族館のあり方が論議される中で「相模湾と太平洋」が重要なキーワードであることが結論づけられた。その後、紆余曲折の末、平成16年（2004）、神奈川県主導のPFI事業として新江ノ島水族館（図4）がグランドオープンした。

2　事業形態

　旧・江の島水族館は、株式会社江の島水族館一社による経営であったが、新江の島水族館は、コンソーシアムによる特別目的会社、江の島ピーエフアイ株式会社により運営されている。また、株式会社江の島水族館は社名を株式会社江の島マリンコーポレーションに変え、代表企業として運営に参画している。ちなみに、株式会社江の島マリンコーポレーションは、現在、岐阜県にある「岐阜県世界淡水魚園水族館アクア・トトぎふ」、この春リニューアルオープンした　相模原市にある「相模川ふれあい科学館アクアリウムさがみはら」の三つの水族館を運営しているが、それぞれ旧・江の島水族館の遺伝子を受け継いでいると言える。

3　展示概要

　建物は、以前は国道134号線をはさんで山側に水族館、海側に2号館マリンランドと3号館海の動物園の3つの施設に分れていたが、新水族館は、以前マリンランドのあったあたりから海の動物園までの、長さ253m、国道と防波堤の間の細長い敷地に建てられている。
　展示は、海洋生物の宝庫である「相模湾と太平洋」そして「生物」をテーマに、遊びながら学べるエデュテインメント型水族館である。

第1章　理念と実践

図4　新江ノ島水族館

　展示は、江の島南岸に打ち付ける波を再現した出会いの海から始まり、江の島周辺の海底の景観を再現した相模湾大水槽をいろんな角度から見ながらスロープを下る。

　深海の展示では、国立研究開発法人海洋研究開発機構との間で共同研究の契約を結び、水族館では入手の困難な深海生物の入手と、その長期飼育研究に取り組んでいる。展示はⅠとⅡに分かれ、Ⅱでは日本の深海研究に大きな功績を残した有人潜水調査船「しんかい2000」の実機を展示している。

　旧館時代よりクラゲファンタジーホールとして親しまれてきたクラゲの展示では、その魅力をより引き立たせる工夫が施され、平成25年（2013）夏にはクラゲサイエンスのコーナーを増設し、クラゲについてより深く学べる展示となった。

　イルカショースタジアムでは、マリンランドで培われてきたトレーニング技術をさらに進化させ、「きずな」「ドルフェリア」の異なる2つのパフォーマンスを行っている。また、世界初となる四世・五世のバンドウイルカの誕生を成功させている。

　館の中央付近には、なぎさの自然の保全と海洋文化について楽しみながら学ぶ展示と、さまざまな体験学習プログラムを提供する県の学習施設「なぎさの体験学習館」を併設するユニークな施設であり、建築面積6,641㎡、延床面積は12,804㎡。総水量約3,000tの中規模水族館である。

4 入館者数の推移

　開館初年の平成16年（2004）は180万人、以降平成17年（2005）は150万人、平成18年（2006）は140万人、近年は120〜130万人の間で推移し、平成25年度は135万人の入館者があった。これは構想時の想定を上回り、概ね好調に推移しているといえる（図5）。

　この数字は、関東圏のニューファミリーやカップル、学生をターゲットとしたさまざまなイベントやキャンペーン、サービスの提供など、たゆまぬ営業努力や、パブリシティなどの成果であり、また、さまざまなテーマで実施してきた特別展や企画展の成果であるが、なかでも規模の大小はあるものの、平成18年（2006）より毎年のように実施してきたリニューアル・展示更新の効果も大きな要因と考える。

年度	入館者数
2004年度	1792642
2005年度	1503943
2006年度	1382275
2007年度	1362690
2008年度	1308909
2009年度	1278156
2010年度	1231419
2011年度	1219505
2012年度	1257324
2013年度	1327323

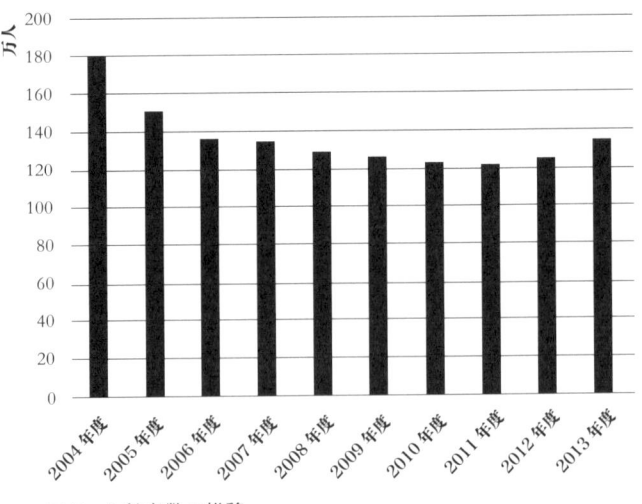

図5　入館者数の推移

5 リニューアルのあゆみ

平成18年（2006）小窓水槽（図6）
合計24本の小型水槽が並び、大型水槽では見られないような小さな生き物に、より近づき、場合によってはさらに虫メガネで拡大して見る水槽。

平成19年（2007）　化学合成生態系水槽（図7）
深海で発見された鯨骨、湧水域、熱水域の三つの化学合成生態系を再現し、そこにくらす深海生物を飼育する水槽。そのシステムは海洋研究開発機構と共同で国内特許を取得し、国際特許を申請中。

平成20年（2008）　川魚のジャンプ水槽（図8）
流速や水位などの変化を感じ、より良い環境に移動しようとする川魚の行動を水槽内に再現し、観察できる水槽で、この展示を加えたことにより、自然界における山川海という環境の連続性を展示の中で完結させることができた。

平成22年（2010）　相模の海ゾーン（図9）
相模湾の魅力を最大限に伝え、情報を発信するために展示解説の細部を見直し、広い範囲にわたりリニューアルした。

平成22年（2012）　「しんかい2000」と深海コーナー（図10）
現在は、後継機である海洋研究開発機構の有人深海調査船「しんかい6500」が世界の海の深海調査研究に活躍している。「しんかい2000」は日本周辺を中心に潜航、なかでも相模湾での潜航回数が一番多く、日本の深海研究の飛躍的

図6　小窓水槽

図7　化学合成生態系水槽

図8　川魚のジャンプ水槽

図9　相模の海ゾーン

図10　しんかい2000

図11　タッチプール

図12　クラゲファンタジーホール

図13　クラゲサイエンス

な発展に大きく貢献し、平成14年(2002)に現役を退いた。「しんかい2000」の移設場所が公募となり、当館への移設が決定した。

タッチプール（図11）

「しんかい2000」の展示にともない、ショースタジアムの地下に移設。車いすにも対応し、小さい子どもたちも無理なく体験できるようになった。

平成25年（2013）　クラゲファンタジーホール（図12）、クラゲサイエンス（図13）

2013年は開館9年目にあたり、数字の「9」とクラゲの「ク」をかけてクラゲイヤーとし、クラゲの展示に注力した。

　クラゲファンタジーホール中央に球型水槽「クラゲプラネット」を新設し、より美しく幻想的にクラゲの持つ魅力を紹介する空間とした。また、クラゲサイエンスでは、新設した37本の小型水槽によるクラゲの生体展示とともに、顕微鏡やタッチパネル、モニターを使用し、生物としてのクラゲをわかりやすく解説した。

平成26年（2014）　ウミガメの浜辺（図14）

これまで、ウミガメの屋外プールでの飼育展示は、取水している海水温の関係で、春から秋の季節展

第1章　理念と実践

示に終わっていたが、開館10周年を記念し、プールの新設、ろ過ならびに温度調節設備、産卵場所としての砂浜を備えた「ウミガメの浜辺」としてリニューアルオープンした。ここではアカ・アオ・タイマイのウミガメ3種を周年飼育展示するとともに、ウミガメについて詳しく学べる展示解説を備えている。

図14　ウミガメの浜辺

　これらの展示更新にあたっては、ただ、珍しい、新しい展示を追加するのではなく、あくまで展示のストーリーに拘り、そのなかで不足している要素を補完していくことを常に念頭におき、実施してきた。また、「しんかい2000」や「ウミガメの浜辺」のように規模の大きなものについては館の全部署で構成されたプロジェクトチームにより、運営上の問題点や、ショップでの関連商品の販売などについて検討された。

❻　水族館の使命として

　これまで述べてきたリニューアルは、私企業の水族館として当然の事ながら、第一に来館者増を念頭に置いた展示解説拡充の例である。
　一方で（公社）日本動物園水族館協会では、動物園・水族館の使命として①種の保存、②教育・環境教育、③調査・研究、④レクリエーションの四つを掲げている。
　当館では旧館時代より継続して、種の保存への取り組みや、江の島の生物生息状況調査等に代表されるような調査・研究についても精力的に取り組んでいる。特に、バンドウイルカの繁殖については、累代繁殖により、世界初の飼育下四世、五世のバンドウイルカ（図15）が誕生しており、その結果、平成10年（1998）以降、野生から新規の動物を導入するこ

図15　飼育下五世バンドウイルカ

35

図16　オットセイの保護

図17　鯨類ストランディングへの対応

となく、運営を続けている。

動物のストランディングなどへの対応では、「目の前の海でなにが起こっているのか知っておく必要がある」という思いから、できるかぎり対応に駆けつけている。

平成25年（2013）、小田原市鴨宮にて衰弱したオットセイを保護したケース（図16）では、収容後、治療と健康回復に努め、4月に三陸沖の同系群が遊泳するエリアに放獣した。この事業は、現地近くの水族館や漁業者、関係各所の協力のもとに実施された。

鯨類の例では、死亡して打ち上がった場合には、同定、測定の後、研究者やかながわ海岸美化財団へ連絡し、後の処理を依頼する（図17）が、生きており、救命の可能性があると判断した場合には、館に収容し、治療を行う。直近の平成22年（2010）7月、鵠沼海岸で保護したオガワコマッコウの例では、24時間態勢で集中治療を行ったが、翌日の昼過ぎに死亡した。

ウミガメの場合では、ストランディングや産卵状況の調査を続けている（図18）。産卵が確認された場合、その場所に海の家が立つなど、不具合がある場合は、安全な場所に移植し、ふ化を待つ。また、並行して行政、地域の博物館、地元住民、研究者らと連携してその保全に努めている。

江の島における海岸動物相調査（図19）は、1980年代後半より飼育係有志によって始められた調査だが、今日まで継続的に行われており、この間の生物相の変遷が記録された、大変貴重な資料になっている。これは横須賀市の博物館や研究者グループとも協働して実施している。

第1章　理念と実践

　ストランディングに代表されるような、海岸において生物関係の事象が生じると、発見者または警察から水族館に連絡が入るケースが多く、事象によってはその対応は緊急を要する。また、人・時間・場所・機材等、多くを必要とするケースが多い。

　「水族館の使命として」というと響きは良いが、それ自体が直接入館者増には繋がらないという大きな問題がある。

　近年、種の保存や環境保全に対する考え方も随分変わってきており、一般の方が水族館を評価する目安として、珍しい生き物、迫力のある展示だけではなく、こうした取り組みも水族館の価値として評価されることに期待したい。

　そんな中で、平成21年（2009）春、開館5周年を期に「えのすいECO」（図20）がスタートした。これは生物に関する生態学（エコロジー）と環境を考える活動（エコアクション）の二つの面からエコを考える当館独自のECO宣言である。

　この宣言により、先に述べたような調査、研究は「えのすいECO」にのっとった館の方針のひとつであることが明文化されたと言える。

図18　ウミガメの産卵調査

図19　江の島海岸動物相調査

7　課　題

　当館の抱える課題の一つとして、限られた敷地の中で、また、市の景観条例による高さ10mの制限の中でリニューアルを実施せざるを得な

図20　えのすいECO
　　　シンボルマーク

表1　えのすいECO

エコロジー（生物に関する生態学）	エコアクション（環境を考える活動）
・相模湾を中心とした生物、それらを取り巻く環境の多様性を展示します。	・"えのすい"らしく、楽しく環境問題に取り組みます。
・パイオニアとして展示飼育に取り組んできたイルカ、クラゲ、深海生物をはじめとする様々な生物の生態を探求します。	・地域の皆様と共にエコアクションを協働していきます。
・生物や環境について楽しく学べる場を提供します。	・ゴミを無くす努力、減らす努力、活用する努力をします。
・地域に密着し、相模湾の様々なフィールド情報を記録するとともに、随時公開していきます。	・省エネ努力をします。
・地域性はもとより国際性を大切にして、地球環境の保全および命の大切さを伝えます。	・環境を考える活動を継続し、皆様に報告します。

い状況にある。

　展示動物、特にバンドウイルカやフンボルトペンギンに関して、現在は、累代繁殖もしくは繁殖が好調ではあるものの、血統的見地から、必ず新しい血の導入が必要となる。一方で鯨類や鰭脚類に限らず、将来、多くの展示生物の野外からの入手は規制が厳しくなるとともに、ますます難しくなるものと推測される。

8　展　望

　今後も限られた立地条件の中で、創意・工夫により常に新しい目標を見つけてリニューアルに挑戦して行きたい。
　展示生物については、珍しい生き物や人気のある生き物を導入することで入館者増を図るのでは無く、これまで目立たず、ありふれた生き物についても、その展示飼育方法を工夫することで新たな魅力を引き出し、紹介したいと考えており、その一例として、湘南、江ノ島の特産品でもあるシラスに注目し、その生きた姿の展示に向けてその餌料生物の培養を含め、準備を進めている。
　入手困難な動物については、少しでも円滑に調達できるよう、国内外の園

館とのネットワークをより堅固な物としたい。また、繁殖技術を確立することで採集による生息数の減耗を軽減させたい。

　生物についての調査研究をすすめ、生物学に寄与するとともに、地域に根ざした水族館として情報を発信していきたいと考えており、これらを通じて生物多様性の保全に役立つことができればと思う次第である。

県立生命の星・地球博物館の将来を考える

神奈川県立生命の星・地球博物館　館長
平田大二

① 将来を考えるために

　神奈川県立生命の星・地球博物館は平成7年（1995）に開館し、平成27年（2015）には開館20年を迎えた。この年月を早く感じるのか、長く感じるのかは、人によって異なるであろうが、20年間にわたり自然史博物館として活動してきたことは事実である。そして、開館20年の歩みもあるが、開館前の歴史もあり、将来さらにその歴史を重ねていくことであろう。将来を考えるためには、過去を検証し、現状を把握することが不可欠であり、そして「博物館とは何か」、また「博物館資料とは何か」という博物館の原点に立ち戻って考えることも重要である。
　本稿では、神奈川県立生命の星・地球博物館の開館前から現在までを紹介するとともに、その将来について私見を述べる。

② 生命の星・地球博物館の誕生まで（1967～1995）

　神奈川県立生命の星・地球博物館（以後、当館と記する）は、旧神奈川県立博物館（現神奈川県立歴史博物館）の自然部門が、再編整備により分離・独立して設置された自然史博物館である。神奈川県立の博物館条例により、博物館法に基づく「登録博物館」として、神奈川県立歴史博物館とともに平成7年（1995）1月に設置され、同年3月に開館した。すなわち、当館開館以前には、旧神奈川県立博物館時代の歴史がある。ここでは、当館が設置されるまでの経緯について、『神奈川県立博物館20年のあゆみ』（神奈川県立博物館 1987）、『神奈川県立（歴史）博物館30年の歩み』（神奈川県立歴史博物館 1998）、『神奈川県立生命の星・地球博物館年報』第1号（神奈川県立生命の星・

第1章　理念と実践

地球博物館　1997）から紹介する。

1960年代にはじまった日本の高度経済成長の流れは神奈川県にも及び、県内でも急速な土地開発や都市改造等の進展に伴って、貴重な自然や文化財が失われはじめた。県内各地で失われつつある自然や文化財に対する調査研究が進むにつれて、それらの資料の収集と保管を目的とした県立博物館の必要性が関係

図1　1967年開館当時の神奈川県立博物館
（現：神奈川県立歴史博物館）

諸団体からの要望としてだされた。そこで神奈川県では、昭和37年（1962）に県教育委員会に「博物館研究調査委員会」を設置し、博物館構想の検討を開始した。その後「博物館開設準備事務室」および「博物館準備事務局」において開館に向けての準備がはじめられ、条例・諸規則が整備されて、昭和42年（1967）3月に「神奈川県立博物館」が開館した（図1）。この間の経緯については、『神奈川県立博物館20年のあゆみ』（神奈川県立博物館1987）に開館準備時代の関係者による座談会記録が掲載されており、当時の関係者の博物館に対しての高い見識と、熱い思いを読み取ることができる。

「神奈川県立博物館」は、神奈川の自然と歴史を基本テーマとした総合博物館であったが、開館から20年を経過する中で、収蔵スペースの狭隘化、展示設備の老朽化・陳腐化等、さらには社会全体の進展等に伴い、学習ニーズが多様化・高度化し、県民の期待に十分に応えることが困難となってきた。そこで、神奈川県では昭和61年（1986）の第二次新神奈川計画において、高度、専門的な文化活動に対応できる文化施設の計画的整備の一環として、県立博物館再編整備を重点事業として位置づけ、「県立博物館」を自然系博物館と人文系博物館に再編することとした。神奈川県教育委員会は博物館再編整備を進めるにあたり、昭和60年（1985）に神奈川県立博物館整備構想懇談会から『神奈川県立博物館整備構想に関する提言—自然系博物館・人文系博物館の基本的な考え方—』をうけ、平成元年（1989）に整備計画及び展示計画を策定した。その後、博物館整備を進め、平成7年（1995）3月に自然系博物館として小田原市に「県立生命の星・地球博物館」を新設し（図

41

図2　生命の星・地球博物館 正面玄関（2014年）

2)、人文系博物館として旧県立博物館を全面改装して「県立歴史博物館」を開館した。

昭和60年（1985）に提出された『神奈川県立博物館整備構想に関する提言』には、新しくつくる自然・人文両博物館の基本的な考え方が記されている。20年以上たった現在においても参考になることが多く、示唆に富むものであった。『提言』では、21世紀に向かって、多くの人々が利用したくなる魅力ある博物館とするために、その性格、活動、施設整備、運営等の事項について自然系博物館及び人文系博物館のあり方が示された。博物館の性格として、自然・文化・社会科学の進歩や人々の意義の変化に対応し、常に企画し積極的に活動する博物館、生涯学習やレクリエーションのニーズに応え展示を観るだけでなく主体的に参加し様々な体験のできる博物館、博士研究員等の受け入れや大学等の研究機関と共同研究できる博物館、調査・研究を基礎にしてそれを深めることにより生涯学習に資する博物館、豊富な資料や情報の裏付けをもち人々が博物館に聞きに来たり調べたりできる博物館、利用者に教えるというのではなく何か頭に残るような刺激を与え挑発する博物館、博物館における活動を接点に人々が交流し結ばれる博物館、博物館の施設・機能を開放するとともに展示や資料保存等、共に活動できる博物館、センター的機能を果たす博物館、などが求められた。

そして『提言』では、自然系博物館について「神奈川の自然から地球規模の自然までを専門的かつ学際的な観点から総合的に扱い、自然と人間とのかかわりを人々と共に探求し、現代・未来の重要課題にするどく問題提起する博物館とする」ことが提案されたのである。利用者に配慮した活動の基本的な考え方と展開の視点、資料収集と研究活動を基本とした活動とそれを支えるための継続的な財政措置や、施設設備と研究体制の確立などが述べられている。

❸ 開館 20 年の歩み（1995 ～ 2014）

　当館の使命は、「地球と生命・自然と人間がともに生きることをテーマに活動する自然史博物館として、地球全体の過去から現在にわたって幅広く、また、神奈川を中心に、自然科学に関する資料を収集・収蔵管理し、次の世代に引き継ぐ。あわせて、これらの資料を基にした調査・研究結果を原動力として、生涯学習や学校教育の支援ならびに社会的貢献を行うことにより、人々の心に地球の自然に対する愛着と感動を呼び起こすこと」である。

　その使命を果たすべく、当館では神奈川県を中心に地球規模まで、過去から現在にわたる自然に関する資料の収集・保管活動（集める）と調査研究活動（調べる）を基本として、常設展や特別展・企画展などの展示活動、講座や観察会などの普及活動、生涯学習や学校教育への対応など各種の学習支援活動（伝える）を続けてきた。次に、当館の各活動についての概要を紹介する。なお、詳細については当館の年報（№.1 ～ 19）をご覧いただきたい。

（1）人・建物・予算

　昔から博物館を運営するうえで重要な要素として、「人・もの・箱」といわれるが、もう一つ重要な要素として「お金」がある。博物館でお金の話をするのは下品である、という考えがあったかどうかはわからないが、重要な要素の一つであるには間違いない。「もの」については後で述べることにして、ここでは「ひと（人）」、「はこ（建物）」、「おかね（予算）」について述べる。

　当館の人員体制は、平成 26 年（2014）3 月末現在で館長以下常勤・再任用・非常勤を含め計 48 人、そのうち学芸員は常勤・非常勤の計 20 人である。年々に増す業務量に対して人手が不足しているのは明らかである。職員の年齢構成は、事務部門は定期的に異動があるので問題はないが、学芸員は異動がないので確実に毎年平均年齢が増えて高齢化が進むとともに、転出や退職による欠員補充も思うようには進まず、世代交代が大きな課題となっている。

　当館は、箱根火山から流れ下る早川の谷あいに建てられていて、その巨大な外観は宇宙船のようであり、自然豊かな景観の中では目立った存在となっている。平成 2 年（1990）前後のバブル経済最盛期に設計、建築された建物であるので、現在となっては維持管理に難しい面も多々ある。築 20 年が過

ぎて施設設備の老朽化が進んでいるが、改修が思うにまかせないのも大きな課題である。建物の総床面積は約 19,000㎡、その内訳は展示スペース約 5,100㎡、収蔵スペース約 1,400㎡、エントランス 1,000㎡、学習スペース約 900㎡、管理スペース約 5,000㎡、研究スペース約 800㎡、地下駐車場約 4,800㎡である。展示やエントランス、学習スペースに比べ、収蔵・研究スペースの比率が少ない。これは、開館後に大きな課題を残すことになった。

　館の運営形態は開館時から県の直営であるが、総合案内・清掃・電話交換、警備・設備保守などについては外部業務委託となっている。また、レストランやミュージアムショップ、喫茶コーナーなども、外部の業者・団体が営業している。神奈川県でも行政改革の一環として、県施設の指定管理者制度導入や地方独立行政法人化が進められているが、博物館施設については現時点では県直営の方針に変わりはないようである。しかし、運営のための予算は、経済動向の影響による神奈川県の緊縮財政状況によって年々削減され、現在では開館当初の 2 分の 1 以下とまでなっている。経費削減は利用者サービスの低下にもつながるものであるが、館職員の涙ぐましい努力によってなんとか維持されているのが現状である。

　入館者数は、平成 26 年（2014）12 月末には総入館者数は約 580 万人となった。古今東西、博物館施設の入館者数は開館時がピークで、その後右肩下がりとなるが、当館もその例に漏れない。入館者を増やすための様々な行事や広報活動を行っているが、当然のことながらそれら活動にも予算が必要であるにもかかわらず、緊縮財政の中では十分な手立てができないのが現状である。博物館の利用者は、入館者と講座等参加者、学芸員への質問等利用者を含むことになり、さらに人数は増える。博物館の評価には、単純に数字で表れる入館者数がわかり易いのでよく使われるが、それ以外の数字についても対象にすべきであるし、相互の関係を明らかにする必要もある。その一つの試みとして、予算や入館者など博物館にまつわる数字について、当館と同規模の他県の自然系博物館とを比較についての報告がある（大島、2005）。開館年度から 10 年間のデータではあるが、興味深い内容が示されている。その後 10 年が過ぎているので、現時点における再分析も必要である。もちろん博物館には数字に置き換えにくい、あるいは置き換えることができない情報もあるので、その部分の評価をどうするかも大きな課題である。当館では博物館の評価基準や方法について、今後も検討を進めていく予定である。

（2）資料収集・保管活動（集める）

　自然史博物館のデータバンク機能は、自然史に関する資料を集め、整理保管し、様々な利用に供することができるようにすることである。当館で収集している自然史に関する資料とは、動物や植物、地学に関する標本類や人工衛星データなどのほか、フィルムやデジタル画像データ、標本類の原画などである。また、自然史に関する図書・文献類も収集している。平成26年（2014）3月時点で、登録標本数は58万点を越えるまでとなった。また、図書は約2万冊、雑誌は約3,400タイトルとなっている。当然のことながら、資料も図書類もまだ整理が終わっていないものが大量にあるので、資料の整理という地道な仕事を今後も粛々と進めていく。これらについては、当館の『自然科学のとびら』に学芸員の記事があるので、是非ご一読いただきたい（瀬能2005；広谷2007・2010；加藤2012；大西2013；熊谷2013；佐野2013；苅部・川島2014；佐藤2014など）。博物館が資料を集め続けることについては、博物館関係者にとっては至極当然のことであるが、しかし一般世間ではなかなか理解されておらず、博物館が資料を集めていること自体を知らない人も意外と多い。一般市民に理解してもらう努力が必要である。資料を集め、コレクションを構築し続けることがもっとも大事な博物館の仕事である。ただし、集めるだけでは片手落ちで、死蔵につながる。集めた資料は、博物館の様々な活動で使われてこそ価値が出てくるのである。さらに、それらの資料の情報の公開も必要である。最近では、これらの収蔵コレクションの情報共有化が進められている。GBIF（Global Biodiversity Information Facility）は、グローバルな生物に関する情報をネットワークで統一的に共有するものであり、国内では国立科学博物館が中心となって自然史標本データベース＝サイエンス・ネットを構築し、各博物館が持つ標本データを横断検索できるようになった。ローカルな情報をつないで、新たな価値を生み出す仕組みであり、インターネットの発展がなせたものである。

　資料を集めれば集めるほど、収蔵庫は狭隘化していく。開館時には県立博物館時代から引き継いだ資料と開館のために集めた資料が収まっていたが、20年の年月の間に資料は増え続け、現在の収蔵率は各部門で100％を超えている。新たな収蔵スペースの確保も大きな課題である。

(3) 調査研究活動（調べる）

　学芸員による調査研究活動も、重要な博物館活動である。当館では館内部の研究体制として、総合研究・グループ研究・個別研究を設け、学芸員が自由に研究テーマを設定して活動している。収集した資料の学術的価値を高めるのが、研究活動である。文部科学省科学研究費申請機関として認定されており、文部科学省科学研究費や各種研究助成団体などの外部競争的研究助成による研究や、大学等外部研究機関との共同研究も実施している。また、館独自の外来研究員や日本学術振興会特別研究員受入機関となっていることから日本学術振興会特別研究員の受け入れも行っている。このような学芸員や研究員の研究活動により、新たな資料の収集や資料の研究が行われている。その成果は、当館刊行の神奈川県立博物館研究報告（自然）、神奈川自然誌資料、神奈川県立博物館調査研究報告（自然）のみならず、国内外の関係学協会の学術講演や学術雑誌等で発表されており、高い学術的評価を得ている。そして各学芸員の成果は、毎年度の年報で報告、公表されている。ただし、ここでも館予算削減の影響は著しく、外部助成金に頼らざるを得ないのが現状である。ただし、外部助成金を得るためには館の研究に対する予算確保や設備・備品などの環境整備、学芸員の研究業績が求められるのは言うまでもない。

　そのほかに、学術学会の開催、学会や大学・研究機関、その他関係団体との共催行事、市民研究団体への協力なども行なっている。

(4) 展示・普及活動（伝える）

　当館では、「生命の星・地球」を基本テーマとして、展示活動やホームページなどで情報発信をしている。展示は、基本テーマに沿った「地球」、「生命」、「神奈川」、「共生」のストーリー性のある総合展示室と、所蔵資料を活用した実物百科事典「ジャンボブック」が常設展示として公開されており、小さな昆虫から巨大な恐竜まで、約1万点の標本が展示されている（図3）。展示は始まった時点から内容の陳腐化、標本の劣化、各種装置の劣化が進行する。それを防ぐために展示更新を行うのであるが、そのためには膨大な予算を必要とする。当館でも開館当初の計画では常設展示の更新も考えられていたが、現実には開館20年を過ぎても大きな更新はされていない。それでも、初めての入館者から好評を得るだけでなく、リピーターからもいつ来ても素晴ら

第 1 章　理念と実践

しいとか、標本は何度見ても新しい発見がある、といった声を聞く。その常設展示を補完する役割が、特別展や企画展である。当館では、有料の特別展（過去29回）と無料の企画展（過去21回）を開催している。これらは、学芸員の研究成果やトピック的な話題をテーマとして、少ない予算の中で当館の豊富な収蔵資料を活用したものである。常設展や特別展は展示解説書を発行している。当館の普及広報誌『自然科学のとびら』にも、展示では語りきれない内容を載せている。その他、学芸員の1年間の活動を紹介する活動報告展、小さな話題を紹介するライブラリー情報コーナーにおける展示などを行っている。また、エントランスホールに隣接したSEISAミュージアムシアター（SEISAはネーミングライツ制度による命名）では、ガイダンス映像とインタラクティブなクイズ番組を放映している。学校など団体で来館する場合には、展示の概要を見学前にガイダンスしているが、その件数は年間約400件にもなっている。

図3　生命の星・地球博物館 常設展示室

　博物館は生涯学習機関であるので、様々な階層への学習支援活動を行なっている。当館においても、館主催の講演会・講座・観察会のほか、他の機関や団体との共催行事も実施している。その実施数は、最近では年間200を超え、参加者は約2万人となっている。また、学校教育への対応としては、小・中・高の理科等教科学習や総合的な学習や職場体験、教員研修、大学の校外講義など年間100件以上となっている。さらに大学の博物館学見学実習や実地実習も、毎年20校以上受け入れている。博物館での学習は展示見学だけでなく、展示見学や自宅学習での疑問を解くために図書などでの調べ学習もある。当館のライブラリーはそのための施設であり、年間利用者は約10万人に達する。さらに、博物館には様々な年齢および階層の人から毎日のように電話やメール、手紙、あるいは直接来館するなどの方法で資料同定や各種質問などの問い合わせがある。そのような問い合わせに対して学芸員が対応したレファレンス数は年々増加する方向にあり、平成25年（2013）度では3

千件を超えている。

　外部への情報発信として、当館では平成9年（1997）度からホームページを開設しており、そのアクセス数は平成25年（2013）度までに265万件を越えた。来館者だけでなく、潜在的な利用者への情報発信も重要である。

　そして、当館では生涯学習の一環としてボランティア制度を実施している。資料整理や展示準備、調査研究、展示解説などの様々な場面で、学芸員をはじめ他の職員とともに活動をしている。平成25年（2013）度の登録人数は約340人、年間の活動延人数は約3,300人となっている。また、生命の星・地球博物館友の会は博物館を広く活用し、博物館活動を支援するとともに会員相互の交流を図ることを目的に平成8年（1996）発足した。現在の会員数は約500人となっている。友の会独自の観察会や学習会、イベントなどを年間40回以上実施しているほか、最近流行のサイエンスカフェのはしりといえる講演会と交流会をあわせた「サロン・ド・小田原」も開催している。ボランティアや友の会は、博物館を支える重要なサポーターであり、いまや博物館において欠かせない存在となっている。当館の斎藤靖二前館長は、博物館が博物館であり続けるためには、「集める」「調べる」「伝える」という地味な仕事を、学芸員だけでなく他の研究者やボランティア、友の会会員など多くの協力者とともに行うことが重要であると述べている（斎藤2007）。

4　将来を考える（2015〜）

　前段で述べたとおり、当館は開館準備期間を含めて約30年が経過した。この間、社会状況も刻々と変化し、博物館を取り巻く状況も変化してきている。当館もその変化に対応すべく、様々な活動において努力を続けてきた。そのなかで、博物館が博物館であり続けるために変わらない活動が、資料の収集・保管である。博物館の本質はそこに保管されている資料にあり、その存在は不変である。何のために、誰のために、資料を収集するのか？それは、現在と未来の市民・国民・人類のためである。過去や現在の自然の記録の証拠として、資料・標本を未来に残すこと、それが人類共通の資産となる。そして、資料をもとに研究し、資料と研究成果を世の中に公開していくことである。この博物館の本質を、博物館を取り巻く人たちだけでなく、広く社会一般に理解してもらうための活動を進めていかなければならない。

第 1 章　理念と実践

　世界的な経済学者であった宇沢弘文 (1928-2014) は、「社会的共通資本」という言葉を残している。「社会的共通資本」とは、一つの国ないし特定の地域に住むすべての人々が、ゆたかな経済生活を営み、すぐれた文化を展開し、人間的に魅力ある社会を持続的、安定的に維持することを可能とするような社会的装置を意味するものである。そして、それは社会全体にとって共通の財産として社会的な基準にしたがって管理・運営されるべきものであり、職業的専門家によって、専門的知見に基づき、職業的規範にしたがって管理・維持されなければならないとした（宇沢 2000）。この考え方によれば、まさしく博物館は社会的共通資本といえるものである。

　振り返れば、当館の開館一周年記念事業として「これからの自然史（誌）博物館」と題したシンポジウムを開催した。そのシンポジウム記念論集『これからの自然史（誌）博物館』（神奈川県立生命の星・地球博物館 1996）には、当館初代館長の濱田隆士氏、千葉県立中央博物館館長（当時）の沼田　眞氏、ミュージアムパーク茨城県自然博物館館長（当時）の中川志郎氏の 3 氏の講演記録と、全国 15 館園からの寄稿が掲載されている。それぞれが自館の将来像について述べているが、共通していることは博物館活動の基本が資料の収集と保存管理であることである。博物館の活動はそれぞれの館の特徴と時代の変化と共に多様性を増していくであろうが、その多様性を担保するものがそれぞれの館が所有する資料なのである。

　当館元館長であった青木淳一氏は、「自然史博物館のもっとも重要な仕事は、動物・植物・化石・岩石などの標本を収集し、整理し、管理保管することである。博物館のその他の仕事（展示、調査研究、教育普及）はすべてこれらの標本を土台にして行われるものである。収納されている標本はできるだけ多いほうがよく、その種類と数の多少によって博物館の価値が決まるといってよい。」と述べている。また、「標本はただの"物"ではない。一つ一つ無限の情報を含んだ貴重品である。標本を大切に保管し、後世に伝えていかなければならない。標本学問上貴重な国家の財産であり、公共物として国民全体が守っていくべきものである」とも述べている（青木 2013）。また、前館長の斎藤靖二氏も、「自然史標本は、実物であることが重要である。それは再現することのないある時点での自然現象を記録した'もの'であって、新たな発見が見込まれる情報の塊である。自然史標本は、種類ごとに一つだけを 1 回集めればよいものではない。変異の幅や多様性を理解するには多い

49

方が望ましく、また継続して集めることが時間的な変遷を知るうえで特に重要で、ときに予想外の事実があきらかにされることがある。自然史標本の基本的役割として、学術研究の進展を保証する証拠である。付加情報とともに、人類の知的財産として保管されていくべきものである。あらゆる自然史標本が将来において発見が期待される研究素材である」とし、さらに「自然史標本は、ある特定地域の自然・風土の記録として重要である。標本の一つ一つに土地の物語が刻み込まれている。地域の自然と文化の記録であり、自分たちの将来の在り方を考える材料である」と述べている（斎藤2013）。「地域の自然史博物館は地域の自然を記録し、それを社会に還元するという重要な仕事を担うことが大事であり、地域の"知"を集積し、"知"を生み出し、"知"を継承していくことが重要である。現在でも、地域の博物館はそれぞれの地域で責任をもって活動している。一つ一つはローカルな活動ではあるが、それらがお互いに連絡しあう全国的、国際的な活動ができる」とも述べている（斎藤ほか 2009）。資料をいかに将来に残すか。現時点では調べられないもの、二度と集めることはできないものもある。資料は、ある時代の物的証拠である。今、調べることができなくても、将来、調べる方法、手段が出てくることがある。時代により資料に付加価値が加わる。博物館は、過去と現在の事柄を記録・保存し、それを将来・未来へつなげるタイムカプセルでもある。博物館の本質は資料であり、その資料を未来に継承することこそ最大の責務である。

　平成23年（2011）3月に東北地方を襲った巨大津波は、沿岸域にあった博物館施設にも甚大な被害をもたらした。筆者は、津波に流された資料のレスキュー作業に係るなかで、過酷な環境の中で作業を続ける現地の学芸員の言動に触れ、あらためて博物館資料の重要性を認識させられた。地域の記録を未来につなげることができるのは、資料なのである。一方、奈良の正倉院には奈良時代の文物が納められており、その文物が千年の時を経て当時の様子を現代に伝えている。それに習えば地域の自然史博物館としては、地域の自然を記録、保存する「地域自然史の正倉院」となるべきであろう。それを「千年持続計画」と呼ぼう。つまり、当館では神奈川を中心とした自然史資料の蓄積と研究を継続的に進め、千年後の未来につなぐのである。神奈川県の自然の証拠を残すことは、神奈川県にある当館しかできない。それは、他の地域でも同じことである。それを、ネットワークでつなげれば、日本全体ある

いは世界ともつながることができる。

　当館は社会情勢や経済状況が変わってもその変化に対応しつつ、当館の使命を果たすべく博物館の原点となる資料の収集と保管、そしてその公開にかかわる活動を続けていく。ただし、そのためには収蔵スペースの確保、資料を管理・研究できる学芸員の確保、施設を維持管理する予算の確保、博物館文化を広げる持続的な普及活動が必要である。

引用文献

青木淳一（2013）「博物館の仕事―ナチュラルヒストリーの時間5」『UP（484）』、42-46頁、東京大学出版会（再掲：博物学の時代―大自然に学ぶサイエンス、197頁、東京大学出版会）。

広谷浩子（2010）「私たちはなぜ集めるのか？哺乳類標本の紹介から」『自然科学のとびら』16（4）、26-27頁、神奈川県立生命の星・地球博物館。

広谷浩子（2007）「収蔵システムのデータを世界に発信―GBIFへのデータ提供―」『自然科学のとびら』13（3）、20頁、神奈川県立生命の星・地球博物館。

神奈川県立博物館（1987）『神奈川県立博物館20年のあゆみ』186頁、神奈川県立博物館。

神奈川県立歴史博物館（1998）『神奈川県立（歴史）博物館30年の歩み』78頁、神奈川県立歴史博物館。

神奈川県立生命の星・地球博物館（1996）『これからの自然史（誌）博物館―生命の星・地球博物館一周年記念論集―』187頁、神奈川県立生命の星・地球博物館。

神奈川県立生命の星・地球博物館（1997）『神奈川県立生命の星・地球博物館年報』No.1、79頁。

加藤ゆき（2012）「鳥類標本はどのように作られるのか」『自然科学のとびら』18（4）、26-27頁、神奈川県立生命の星・地球博物館。

苅部治紀・川島逸郎（2014）「奥村定一昆虫コレクション―古い標本が語ってくれること―」『自然科学のとびら』20（2）、4-5頁、神奈川県立生命の星・地球博物館。

熊谷拓郎（2013）「植物収蔵資料のデジタル画像化」『自然科学のとびら19』（1）4頁、神奈川県立生命の星・地球博物館。

大西　亘（2013）「植物・昆虫の標本画像データベース構築をめざして」『自然科学のとびら』19（1）、1頁、神奈川県立生命の星・地球博物館。

大島光春（2005）「博物館にまつわる数字」『自然科学のとびら』11（1）、4-5頁、

神奈川県立生命の星・地球博物館。

斎藤靖二（2007）「博物館が博物館であり続けるために」『自然科学のとびら』13 (3)、18 頁、神奈川県立生命の星・地球博物館。

斎藤靖二（2013）「自然史標本の意義」『化石』(93)、131-135 頁。

斎藤靖二・加藤　真・小川義和 (2009)「座談会　博物館の未来―自然系博物館から考える」『科学』79（4）、420-428 頁。

佐野真吾（2013）「阿部光典ゲンゴロウ類コレクションのデジタル画像化」『自然科学のとびら』19 (1)、5 頁、神奈川県立生命の星・地球博物館。

佐藤武宏（2014）名倉コレクション―ある貝類愛好家と貝類を取り巻く人びととの交流の証―『自然科学のとびら』20（2）、10-11, 神奈川県立生命の星・地球博物館。

瀬能　宏（2005）「魚類資料の整理―ステップ化とコード化によるボランティア参加の実現」『自然科学のとびら』11 (4)、26-27 頁、神奈川県立生命の星・地球博物館。

宇沢弘文（2000）『社会的共通資本』239 頁、岩波新書。

観光地の美術館における"遊び"と"学び"

彫刻の森美術館　展示／運営部　学芸員
長沼 隆之

1　箱根という観光地にある美術館

　今回は、観光地の美術館における『遊び』と『学び』をテーマに、私自身が関わってきたことを中心にご紹介したい。様々な館が参加されているので、それぞれの館によっても置かれている状況が異なっていることと思われ、神奈川県の箱根に位置する当館も、観光地ということで、かなり独特な境遇に身を置いている。

　まず、箱根という観光地について簡単に説明する。静岡県に近い神奈川県南西部に位置し、古来は東海道の要衝であり、「天下の険」とうたわれた難所箱根峠のふもとに宿場や関所が置かれた。近代以降は保養地・観光地として発展し、各所に涌く温泉や、芦ノ湖、大涌谷、仙石原などが有名である。昭和11年（1936）には「富士箱根伊豆国立公園」に指定され、例年年間2000万人近い観光客が訪れ、豊かな温泉を楽しんでいる。

　さて、そんな箱根に当館が開館（図1）したのは、昭和44年（1969）である。フジサンケイグループの文化施設、日本初の野外美術館としてオープンした。

図1　彫刻の森美術館

　コレクションは、ロダン以降の近代から現代の彫刻が中心で、東京ドームの約1.5倍の7万平方メートルの敷地に、代表的な作品120点を屋外に展示している。また、パブロ・ピカソの作品を専門に展示するピカソ館も設け、絵画や彫刻、晩年の陶芸作品など

第1章　理念と実践

を中心に公開している。気持ちのよい彫刻公園という環境が好まれ、家族連れや子ども達も気軽に訪れている。展示作品には、見学するだけでなく、子ども達が、中に入って体を使って体験できる「ネットの森」や「しゃぼん玉のお城」と呼ばれる遊戯彫刻があり、特に人気が高い。

図2　ネットの森

図3　しゃぼん玉のお城

「ネットの森」（図2）は、カナダ在住の造形作家・堀内紀子氏による作品。カラフルな手編みのネットが、いくつもつなぎあわされた巨大なハンモックの造形だ。子ども達は、色彩体験と共に伸び縮みするネットに全身を使ってよじ登ったり、トランポリンのように飛び跳ねたり、でんぐり返しや滑り降りたり、夢中で遊んでいる。遊びが作り出すネットの揺れが、他の子ども達にも伝わって、一緒に遊ぶ喜びが生まれるようだ。

「しゃぼん玉のお城」（図3）は、アメリカの工業デザイナーであり、建築家でもあるピーター・ピアーズ氏が考案したダイヤモンドの結晶構造を拡大した強化プラスチックの透明なカプセルを、いくつも繋げ、組み合わせたものだ。自然界の分子構造を取り入れ、組み合わされた作品は、ふわふわと空に舞い上がる無数のしゃぼん玉のようにも見える。子ども達は、迷路やジャングルジムの面白さをもつこのカプセルの中で、直に触れて、遊びの中から、形のおもしろさなど作品の良さを感じていると思われる。

作品以外にも美術館では、かなり珍しいのだが、温泉の足湯を設け、人気を博している。もともと彫刻公園として、気持ちのよいスペースなので、子ども達が楽しめるエリアや、カフェ・レストランもあり、一日のんびりと過ごすことができる。最近は、こういった要素に加え、ワークショップや各種

プログラムも行っており、おじいさん、おばあさん、お孫さんを含む三世代での訪問が、増えてきている。ご家族が、皆さん楽しげに館内を散策されている光景は、とても微笑ましいものだ。春・秋の修学旅行シーズンには、学校団体の子ども達も来館し、館内を駆け回り、笑顔があふれる。

こういった光景は、とても微笑ましいのだが、『美術館で鑑賞』というよりも、"遊び"が中心となっていて、ここが大きな課題でもある。

もともと観光地の箱根なので、大人の場合でも、"美術館に鑑賞に行く"というよりは、"観光施設に遊びに行く"感覚の方が、多いのは否定できない。街中の美術館であれば、開催している展覧会を目的に訪れるのが、一般的だが、観光地では、観光先の一候補として、選択されていることが、ほとんどだ。おそらく美術館というよりも、観光施設というイメージなのだろう。

しかし、これは決して特殊なことではない。

日本国内の美術館では、どんな展覧会が開催されているかを意識することが多いが、海外に旅行した場合は、どうだろう。パリに行けば、ルーブル美術館、ニューヨークだったら、MOMAニューヨーク近代美術館を訪れるのではないだろうか？その際に、開催されている展覧会をチェックして行くだろうか？おそらく美術館を観光先、目的地として訪れることが多いのではないだろうか。そもそも展覧会を意識する人は、余程普段から美術館の展覧会を訪れている人で、そうでない大多数の方は、せっかくそこに旅行に行くのだから、あの施設へ行ってみようという考え方なのではないだろうか。

観光地の美術館を訪れた一般的な来館者の行動は、観光した記念に、写真を撮り、ミュージアムショップで記念品を購入したりするのではないだろうか。

従って、当館の来館者の見学風景も、屋外に展示されている近代から現代の彫刻作品の名品を一点一点鑑賞するというよりは、気持ちのよい公園の中を散策し、記念写真を撮るといったものだ。彫刻のポーズを真似しながら写真を撮っている光景をよく目にする。ピカソは有名だから、ピカソ館だけは見なければということで、とりあえずピカソ館を目指し、「全然わからない」「いくらするの？」との素直な感想をお聞きすることも少なくない。

決して、それも悪いことではないし、どう見るか、どう感じるかは自由なので、大いに結構と思いながらも、心の中では、せっかくなので、もう少し興味を持ってもらえれば…と思ってしまうのが本音のところである。

❷ 彫刻の森美術館の"学び"に関する取り組み

　そんな中で、少しでも「学び」のきっかけになればということで、実施しているものがある。毎週土曜日に、一般の人向けに、美術館の見どころや彫刻作品の解説をするガイドツアー、そして、ピカソ館やピカソについての30分間の解説のピカソトークだ。それぞれの開催時間に集まっていただければ、誰でも参加できる（図4）。多い時は30〜40人。少ない時は数名といったところだ。

図4　ガイドツアー

　ガイドツアーは、美術館の概要から始まり、コレクションのスタートとなるロダンについて、そして重要なコレクションであるイギリスの彫刻家ヘンリー・ムーアについて触れていく。参加する方々は、普段あまり彫刻に親しむ機会は多くないので、具象や抽象といった彫刻の形についての話や、どんな材料で作られているかといった素材の話まで出来るだけ幅広い話題を提供している。

　ピカソトークも、ピカソ自身について、当館のコレクションの特徴などをなるべくわかりやすく説明している。特に、当館のピカソ・コレクションは、ピカソが65歳を過ぎてから熱中した陶芸作品が一番の見どころとなっているので、このあたりを中心に話を進めている。

　どちらも専門的な細かい話をするというよりは、できるだけ彫刻やピカソに興味を持ってもらえるような楽しい話を中心に行っている。参加していただくと、「とてもおもしろかった」「すごく興味が涌いて、この後の見学が違ってきそう」など前向きなご感想をいただくことが多い。だから、うまく導入を用意できれば、ガイドツアーに参加しないその他大勢の来館者にも、もっと楽しんでいただけるのではないかと思われる。しかし、その導入や演出を実際問題どのようにするのか？ここが難しいところだ。正面から「学

図5　宝探しラリー

び」を呼び掛けても、遊びに来ている意識が強い来館者には、響かない。逆に、「遊び」を呼び掛けて、結果的に「学び」に結び付くような仕掛けを考えなければならない。彫刻に興味がある方、彫刻を勉強している学生さんなどは、じっくり見学しているが、大多数の方は、写真映えしそうな作品の前で、記念撮影をするものの、それ以外のものは、通りすぎてしまうことが多いのが現実だ。まして、それが子ども達になると、遊べるネットの森や、しゃぼん玉のお城を目指して走り回っていて、彫刻どころではない。

　そこで、少しでも彫刻に興味を持ってもらえればということで、実施したのが『宝探しラリー』である（図5）。ここでの宝は、宝箱に入った財宝ではなく、まさに彫刻そのものの事。そう、彫刻そのものを探すラリーなのだ。参加者は、最初に地図と彫刻のシールをもらう。地図には、探す彫刻がおおよそこの辺にあるということが、七ヵ所のポイントとして印されている。そして、同じ大きさで七つの作品が彫刻シールになっている。つまり、シールになっている七つの作品を探し、見つけたら地図上のポイントにシールを貼っていくわけである。

　シールを見ただけでは、個々の大きさは比較できないが、実際の作品を見れば、どれが一番大きいか？一番小さいか？は、一目了然だ。この企画では、七つの中で一番小さいものが、本当のお宝という設定にし、そこまで突き止めてもらうことにした。普通に歩くだけでは、作品に興味が持てなくても、作品探しのゲームとなると、子ども達は、俄然やる気になる。シールの作品が、どこにあるのか？を探し出すために、館内を走り回る。作品シールを地図に貼って完成させ、一番小さい作品を突き止めた子ども達が、続々と受付に帰ってくる。受付で、一番小さい作品を告げたら、ご褒美の缶バッジがもらえるのだ。缶バッジの絵柄も勿論、彫刻作品！ラリーをコンプリートした子ども達は、誇らしげに缶バッジを身につけ、笑顔で受付を後にする。

　この企画を実施して、良かった事は、シンプルな内容だったので、参加者の年齢が関係なく、小さいお子さんでも参加できたことだ。シールの作品を

探せばよいので、作品名や作家名など難しいことは、気にする必要がない。形はわかっているので、その形を求めて、館内を探し回る。文字を読む必要もないので、小さいお子さんでも楽しめるし、大人の方が楽しんでいる光景もよく目にしたものだ。見つけた時に、実際にどの位の大きさなのかわかることも、もう一つの喜びに繋がっていたように思われる。終了時には、缶バッジと共に、作品名、作家名の記された「正解シート」も渡した。

　館内を歩いていると、宝探しラリーを終えた子ども達が、「ゴームリーがさあ〜」などと言いながら、歩いている様子も見られたので、意外に正解シートを活用してくれていたのかもしれない。興味を持てば、子ども達は、どんどん勝手に吸収していくものだ。もともと彫刻を探してもらうことで、作品をよく見てもらうことをねらいに考案したので、遊びながら館内の様々な作品を見比べてもらえたのが、良かった。当初、作品や館内のあちこちに、イタズラでシールが貼られてしまうのでは、と心配もあったが、結局そのようなこともなく、好評のうちに終了した。現在は、スタイルを変えて実施している。

❸ 美術館と来館者の美しい関係

　ここで思い出話をひとつ。数年前、デンマークのルイジアナ現代美術館（図6）を訪れた。「世界一美しい美術館」といわれ、昭和33年（1958）の開設以来、海を借景として開けた庭園や、様々なコレクション、展覧会、子ども向けのプログラムなども充実しており、まさに赤ちゃんからお年寄りまで、家族で、恋人同士で、ゆっくりとアートに親しみながらくつろげる美術館である。展覧会を見学している学生のカップル、目の前が海の心地よい空間でくつろぐおじい

図6　ルイジアナ現代美術館

さん、ワークショップに参加している子ども達。全てが美術館の美しい光景として目に飛び込んでくる。美術館という場を通して、「遊び」と「学び」が自然に、そして美しく成立していた。このような光景を是非、自分の館でも実現できたら素敵だろうなと思ったものだ。野外の彫刻作品・展示室・カフェなど美術館を構成している要素は、なんら変わらない。何が違うのだろうか？違うのは、美術館と来館者の関係性だ。その関係性が作りだす雰囲気が違うのだ。ルイジアナの場合、来館者は『美術館に遊びに来ている』のだ。確実に、"美術館"というものを意識し、そことの関係性を結ぶことで遊んでいるのである。"美術館"を意識した来館者が、"美術館"という一つの空間を共有している。そもそも美術館を訪れる人は、年齢・性別など様々な人々だ。勿論、訪れる目的も違う。そんな様々な人達が、それぞれ興味のある事に没頭しながらも、その空間が成立していることで、"美しい光景"という印象を与えるのではないか。日常生活でも、お互いの価値観や存在を認め合い、尊重しあえる仲間同士の空間は、とても心地いいもの。反対に、他人の欠点や気に入らない点をあげつらうような空間は、誰にとってもいたたまれないだろう。美術館が、心地よい空間となるためには、来館者側の接し方も重要なポイントになってくると思われる。

　過去に、このような光景が少しだけ実現できたかな？と思える企画もあった。「Art Loop－あそび－たいけん－こうさく－てんじ－おえかき－」と題した平成19年（2007）に開催した展覧会（図7）で、大人も子どもも、作りたい人も観たい人も、遊びたい人も休息したい人も、みんながひとつの空間を共有することを目指した。

図7　Art Loop 会場

　会場構成は、遊具や子ども公園のデザインや住宅の設計を手掛ける建築家の遠藤幹子氏にお願いした。『たいけん』『あそび』『おえかき』『てんじ』『こうさく』をテーマに、会場内にはそれぞれのコーナーが設けられ、来館者が様々なアートを体験出来るように工夫した。会場自体が、お絵かきの

出来る黒板の床や壁で構成されたことで、その場に入った人達は、チョークを手に何かを描こうと頭を働かせる。単なる"遊び場"ではないので、お絵かきする人、工作する人、読書する人、休憩する人が、無理なく、溶け込んで一体化していた。無意識のうちに、それぞれに対する尊重が生まれていたのかもしれない。

「遊び」と「学び」を同時に成立させるには、バランスが大事だ。どちらかに重心が偏ると、一気に「学び一辺倒」「遊び一辺倒」になってしまう。この展覧会の時は、会場がしっかり作りこまれ、空間が完成していたので、お絵かきをして遊ぶ人、工作を楽しむ人、休憩スペースで本を読む人、これら全ての人が無理なく調和し、美しい光景を生み出していたような気がする。

そもそも、本来は、作品そのものさえあれば、来館者がそれと向き合い、じっくり鑑賞し、知的な遊びと学びを主体的に味わえれば、何の問題も無いはずである。しかし、現実にはそれが難しいため、補うために会場構成などの演出、各種プログラムなどを工夫し、作品と向き合ってもらう努力をしている。

しかし、よく考えると、"努力"には、違いないのかもしれないが、このような行為は、もしかすると来館者を甘やかしていることにも、繋がっているかもしれない。作品と向き合ってもらう地道な努力を続けることに耐えきれず、効率的で楽な方法を探してしまっているのではないだろうか。このような雰囲気は、日本全体のいろんなシーンで見受けられる気もする…。今の日本では、全てのものが、至れり尽くせりだ。全て企業努力の賜物なのだろうが、来館者・消費者を甘やかしていることにも、繋がっているかもしれない。

先ほど、引き合いに出したデンマークのルイジアナ現代美術館では、どんなに小さい子ども相手でも、まず、本物の作品にしっかり向き合わせてから、ワークショップなどに参加させるそうだ。小さい子だから、難しいのは無理という考え方は、とらないのだ。日本であれば、どうしても、自館も含めて、ここの部分が弱いような気がする。もっとわかりやすいように、理解しやすいように、レベルを何段階か落としてしまっているのではないだろうか。

そんな時に、目から鱗の作品が現れた。昨年、開催した台湾の作家の展覧会で出会った、とてもカラフルでユニークな作品だ。洪易（ホンイ）というまだ40代の若手の作家だが、台湾を中心に活躍し、動物を素材に様々な作品を発表している（図8）。一見かなり派手な印象を受けるが、描かれてい

る模様には、台湾の伝統的な絵柄などども自然な形で用いられていて、実に独特な魅力にあふれている。動物をモチーフにした、そのユーモラスな作品は、子どもも女性も年配の方もすぐに惹きつける。視界に入った瞬間、みんな作品に駆け寄り、抱きついていた。この光景を見ると、やはりこういうのが、本来の姿なのだろうなと思うのである。素敵な作品がある、それと出会う。気持ちが動く瞬間がある。そこには、「遊び」と「学び」が同時にある。理屈や演出は、必要ないのである。

図8　台湾の作家・洪易の作品

どうしても、現代の日本で暮らしていると、どんなことにも近道があるような気がしてしまう。効率良く、無駄なく、スマートに、スピーディーに最短距離でゴールを目指すことが、求められているような気がする。

しかし、それは、やはり間違いじゃないかと。勿論、作品によって、演出やプログラムが必要なこともあるだろう。しかし、やはり基本は、作品そのもの。それと対峙できるように地道に努めていくことが大事なのではないだろうか。

ルイジアナ現代美術館の子ども達に対するワークショップの姿勢などを見ていると、このあたりのことを痛感させられる。今、美術館側、来館者側それぞれに対して言えるのは、おもしろいからやる、おもしろくないからやらない、得だからやる、損だからやらない、という損得勘定に左右されすぎてしまっているということではないだろうか。本来、美術館は、様々な作家の作品が展示された多様な価値観を受容する場だ。自分が好きではない作品だったとしても、「こんな表現の仕方があるなんて、面白いな」と感じるか、「これは好きじゃない」と思うかで、その後の世界の拡がりは随分違ったものとなってくる。たとえ想像したものと違っても、「じゃあ、こうしてみよう」「こんな方法もあるのでは」そう思える、肯定できる、前向きな発想が必要だ。

第 1 章　理念と実践

大切なのは、『楽しいから、やるのではない。一生懸命やるから、楽しい！！』という能動的な姿勢なのではないだろうか。

　実際には、展覧会や企画にあわせて、来館者と作品の距離感を少しでも縮めることは、今後も努力をしていくが、見失いがちなこのような思いを決して失わずに、地道に取り組んでいければと思っている。特に、観光地にある美術館として、遊びに来る多くの来館者に対して、"アートが遊んで学べる"とても有意義なものであることを、アピールできることに感謝しながら。

第2章
手法と機能

ボランティアと歩む博物館
―資料収集から展示・教育まで―

相模原市立博物館　学芸員
秋山幸也

はじめに

　相模原市立博物館は、地域の総合博物館として1995（平成7）年に開館した。現在、歴史・考古・民俗・地質・生物・天文の各分野に学芸職員が配置され、一部を除いて各分野に専門ボランティアグループが組織されている。また、分野にとらわれず総合的なイベントの企画や運営に携わるボランティアグループとして、市民学芸員が組織されている。

　しかし、開館当初から、市民サポーターとしての役割を担うことの多い、いわゆる「友の会」組織は存在せず、また、開館後も数年間は登録ボランティアの制度は無かった。それが今は、博物館の活動の多岐にわたる部分にボランティアが関わり、年間で活動に参加するのべ人数も2,200人（平成25年〈2013〉度）を数えるに至っている。

　当館がどのような経緯でボランティアグループを組織し、育成してきたのか、植物分野の専門ボランティアグループである相模原植物調査会の事例をとおして見ていきたい。

1 専門ボランティアとつくる博物館活動　相模原植物調査会

（1）植物相調査と標本化

　ある地域に生育・生息する生物のリストを生物相と言う。生物相は地域の自然を把握するうえでもっとも基礎的かつ重要な情報である。神奈川県は安政6年（1859）の横浜開港以来、日本の地を踏んだ外国人博物学者による生物の採集と記載が行われてきたという歴史的経緯からも、生物相が古くから充実している地域と言える。その伝統は現在、『神奈川県植物誌』（神奈川県

植物誌調査会)、『神奈川県昆虫誌』(神奈川昆虫談話会)、『神奈川県鳥類目録』(日本野鳥の会神奈川支部)といった成果に結実し、なおかつ、組織的な調査は現在も継続している。これらの成果は、絶滅のおそれのある野生動植物のリスト(レッドデータブック)の母体ともなっており、生物多様性保全のための基礎資料の充実ぶりは他の都道府県に類を見ないものと言える。

　こうした生物相の充実を支えているのが、一般の県民であるという事実もまた、神奈川県の特色の一つであり、その活動拠点として機能しているのが地域の博物館や博物館相当施設なのである。当館も開館以来、神奈川県植物誌調査会相模原ブロックの活動拠点となっている。具体的な役割としては、調査会会員によって採集された植物標本の受け入れやデータ化および集積、そして事務局が置かれている神奈川県立生命の星・地球博物館との連絡調整などを担っている。

　相模原ブロックは、当初から神奈川県植物誌作成のための採集調査を活動の主眼とした、極めて専門性の高いハイアマチュアの集まりとして発足した。活動目的が極めて明確である一方で、日常的な植物との触れあいなど、愛好的な志向を持つ人の受け皿としては活動が特化しすぎていた。そのため、博物館の活動の一環として調査や教育普及事業への参加をベースとしつつ、より広く多様な関わり方で植物を愛好する市民が、気軽にボランティアとして参加できるよう、相模原植物調査会を発足させた。

　相模原植物調査会は、登録者の半数以上が神奈川県植物誌調査会会員である。春や秋の調査シーズンには、会員有志が概ね月に2回の野外調査を行い、市域植物相の把握のために植物を採集する(図1)。採集は日常的に個人でもそれぞれ行われており、こうした採集品は、乾燥して押し葉標本にされる。博物館で標本を登録、収蔵するには、標本ラベルと標本を専用の台紙にはる作業(マウント作業)が必要になる。これも、都合の付く会員が週1回程度博物館に来てマウント作業を行っている。

図1　相模原植物調査会の野外調査風景

このような植物相調査や標本処理作業は、野生植物の分類に関する専門的な知識と技術が必要とされるうえ、一般的な図鑑や普及書にマニュアル化されているものでもない。そのため、野外調査会やマウント作業を通して会員間でノウハウや技術を伝授し合い、スキルアップをはかっている。
　マウント作業では、ふだん、野外調査には参加しない会員も加わることが多い。それは、作業をしながらの植物談義など、さまざまな情報交換を楽しめるからであろう。

（2）教育普及活動のサポート
　相模原植物調査会の活動の大きな特徴は、調査だけでなく、博物館の教育普及活動にも深く関わっていることである。博物館ではほぼ毎月、専門分野ごとに持ち回りで講演会やワークショップなどを実施している。
　植物分野では、身近な植物材料を使った工作ワークショップを実施してきた。例えば年末に近い実施日であれば、さまざまな形の押し葉を使い、カレンダーをデコレーションする「落ち葉のカレンダーづくり」（図2）や、同じく押し葉をバランよく小枝に吊す「落ち葉のモビールづくり」などがある。また、葉そのものでいろいろなものを作る「葉っぱ工作」や、ドングリを使った工作なども、季節によって実施してきた。

　こうしたワークショップはいずれも、事前申し込み不要とし、どのような年代の来館者も気軽に参加できるようにしている。そのために、落ち葉の採集や乾燥、仕分けなど、すべて調査会の会員が仕込みをする。ワークショップの参加者への対応も調査会会員が行い、作業しながら、材料の植物について親しみやすい話題を紹介している。
　また、定例的な活動ではないが、企画展の展示製作の一部にも調査会が関わることがある。葉っぱをテーマとした企画展では、さまざまな押し葉や植物標本を作製し、展示物として植物標

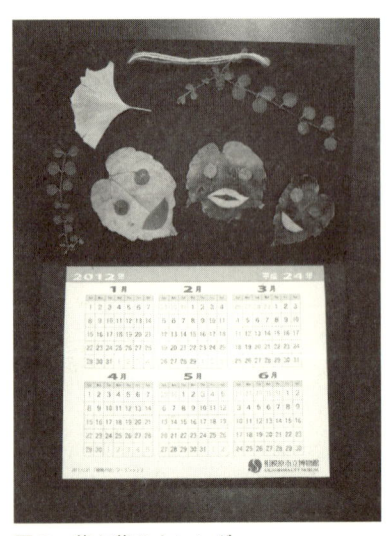

図2　落ち葉のカレンダー

本を紹介した。

（3）職業体験の指導

博物館では、年間10校以上の市内中学校から職業体験の生徒を受け入れている。1校につき概ね4人程度で、小学校などの団体利用の対応や模擬的な展示解説のほか、各専門分野の資料整理も行う。植物分野では、押し葉標本のマウント作業の体験を行っており、この指導も調査会の会員が担っている（図3）。

図3　相模原植物調査会による職業体験の指導

まず担当学芸員が、博物館資料としての標本の意義や、収蔵庫及び収蔵システムなどについてのレクチャーをして、その後、調査会会員がマウント作業のお手本を実演で示す。実際の作業に入ると、ほぼマンツーマンで調査会会員が指導する。ここでも、マウントしている押し葉標本について、どのような植物を扱っているのかなど、語りかけながら作業を進める。こうして、資料取り扱いの実際を体験することと同時に、博物館の資料収集や収蔵にボランティアが深く関わっていることを見せるのも、この職業体験プログラムの大きな目的である。中学生たちの感想からは、親や祖父母の世代の市民であるボランティアの人たちが、植物の詳しい知識を持っていることへの率直な驚きが見てとれる。博物館はプロ・アマを問わず「専門」を持つ人たちが活躍する場であることと、それが生涯学習のあり方の一つとして認識されればよいと考えている。

（4）連絡紙がつなぐ

相模原植物調査会は、博物館の資料を扱うボランティア活動が主体であるため、会費はなく、調査活動に際してノルマも設定していない。では、なにをもって「会員」要件としているのかというと、それは連絡紙である相模原植物調査会NEWSLETTER（A4判4頁、月1回発行）（図4）の受け取りである。印刷されたものを希望する会員は、年度当初に郵送用の82円切手を12枚納

図4　相模原植物調査会 NEWSLETTER（表紙）

める。また、PDFファイルを電子メール添付で受け取る場合は、切手は不要としている。郵送の場合もメール添付の場合も、年度の切り替わりに会員更新の意思確認をしている。

　会員の要件はこれだけである。NEWSLETTERを受け取っている人が会員という位置づけは、博物館のボランティアとして活動実績や活動の意思の有無に関わらず参加できるという点で敷居が低すぎるとも言えるだろう。しかし、植物相調査という専門的な調査活動に携わる市民と博物館がつながり、情報ステーションとして機能していることで、「そのうち」博物館の活動に参加してみよう、という いわばボランティア予備軍の市民を取り込むことができる。実際に、仕事の都合で平日の活動ができずNEWSLETTERを受け取っていただけの会員が、定年退職後に平日の活動へも積極的に参加している事例もある。

　NEWSLETTERには、個人的に行った植物観察旅行などの紀行文や、関心のあるテーマについて調べたことを連載してくれたりする会員もいる。個性的な筆者によるさまざまな内容の文章が並ぶNEWSLETTERを、毎月楽しみにしている会員も少なくない。こうしたわずか4ページの連絡紙ではあるが、学芸員が担う編集作業は、簡易印刷とは言え労力的にかなり時間をとられる。展示などを控えた時期は、編集や印刷、発送作業が正直言ってかなりつらい。しかし、会員のつながりを保つツールとして大変有効であるため、できる限り欠かさず発行を続けている。

（5）活動のエポック　東日本大震災被災標本レスキュー

　平成23年（2011）の東日本大震災の後、陸前高田市教育委員会と岩手県立博物館が中心となり、津波により壊滅した陸前高田市立博物館の被災資料のレスキューが進められた。調査会では、これらのうち、海水に浸り泥やカビに汚染された植物標本を、洗浄・乾燥・張り替えなどによって復活させる活動に参画した。合計約400枚に及ぶ押し葉標本1枚1枚、状態を確かめながら洗浄していく作業は、約2カ月に及んだ（図5）。

　古いものでは約100年前に採集された貴重な標本群を扱うことのプレッシャーと、被災地への思いが交錯し、これまでにない雰囲気での標本取り扱い作業となった。しかも、徹底的に乾燥させることを是として標本作製をしてきた会員たちが、洗浄しながらカビや泥を取り除くという未体験の作業を行うのは、相当の緊張感を強いられるものであったようだ。

　しかし、未曾有の大災害に直面し、「自分は何ができるのか」と自問を繰り返しつつも東北へボランティアに出向くこともできず、悶々と日常を過ごしていた会員にとっては、地元にいながらにして被災地のためにアクションを起こせたことになる。専門的なスキルを生かして被災地支援の一端を担うことで、当時、激烈な被害を受けた地域の周縁で平穏に生活していた誰もが感じていた、焦燥感のような感情の緩和に役立ったのである。この活動はそうした面からも極めて有意義なものとなった。

　そしてまた、思わぬ成果が副産物として結実した例もある。古くて貴重な標本群の中で頻繁に登場する「鳥羽源蔵」の名に興味を持ったある会員が、個人的にその人物像や業績を追う調査にのめり込むことになったのである。「岩手博物界の太陽」と称されたこの人物は、日本植物学の父、牧野富太郎や、宮沢賢治などと交流のあった博物学者である。レスキューした標本の中でもとりわけ数が多く、かつ、1920年代という当館ではお目にかかれない古さの採集年がラベルに刻まれていた。

　作業にあたった会員の一人

図5　標本レスキュー作業のようす

は、岩手県立博物館や国立国会図書館などから文献を取り寄せたり、陸前高田市を実際に訪問したりして精力的な調査を行い、論文を復刻してその経緯とともに NEWSLETTER へ連載した。これらの成果は別途集めて製本され、実費で調査会員などに頒布し、集まったお金は標本レスキューに携わる岩手県立博物館のボランティアグループへ寄付された。

　日常的な標本取り扱い作業の実績があったからこそ、標本レスキューの要請にも即応できたことで、この活動は日頃の地道な作業の意義について再認識する結果になった。さらに、地域の生物相の証拠たる標本の持つ力、潜在的な情報の重要性を目の当たりにし、標本ラベルが語りかけてくることに耳をかたむけるという、資料研究の本質を体感できる貴重な体験をもたらしてくれた。

❷ 博物館の使命を具現化する活動発表会「学びの収穫祭」

（1）それは内輪の卒論発表会から始まった

「博物館に若い人たちが来てくれない」

　これは博物館にとって普遍的な悩みと言える。特に中学生、高校生、そして大学生の年代である。しかし、若干の例外もある。一つは、資料調査や整理、登録などに携わる学生アルバイトである。当然ながら、そうした学生たちは卒業とともに社会へ飛び立ち、また新しい下級生が仕事を引き継いでいくことになる。

　ある時、卒業論文を仕上げて卒業する大学生に、「せっかく仕上げた卒論なんだから、博物館で発表を聴かせてよ。」と、軽い気持ちで言ってみた。すると、「いいですね、やってみたいです！」と二つ返事で引き受けてくれた。真面目に卒論に取り組んだらしく、学内でたった一回、発表するだけではもったいないと学生自身が考えていたらしい。こうして、数名の大学生や大学院生による、学芸員を聴き手にしたちょっとイレギュラーな卒論発表会が始まったのである。

　これが聴く側にとっても意外なおもしろさがあった。分野もテーマもまちまちな発表なのに、いや、だからこそ、ふだん耳にすることのない手法や論法に触れることができる。大学の卒論発表会よりも少し長めに発表時間をとってあげられるし、質疑応答も気の済むまでできる。何より、発表会の後

は街へ繰り出し、労をねぎらってあげられる。

　何年かそんな内輪の卒論発表会をやっているうち、次第にこんなおもしろいことを内輪でやっているのはもったいないな、と思い始めた。どうせなら、ボランティアさんたちにも聴いてもらえば、ふだん大学の研究活動に触れられる機会はあまりないだろうから楽しんでもらえるはず。そうだ、それならボランティアさんにも発表してもらえばいい。そこまでやるなら、一般公開にしちゃえば、ボランティアの輪も広がるかも…。

　そんなふうに、あれよあれよと話が広がり、
①博物館に出入りする、あるいは学芸員が活動に関わる学校、または一般の研究グループ
②博物館を拠点に活動するボランティアグループ
を対象とした「博物館研究活動発表会」が開催されるようになった。

（２）年度末から博物館のお誕生日へ

　発表会は、卒論発表に合わせてやっていたため、年度末に開催していた。しかし、卒業から就職、あるいは進学と、学生にとって慌ただしい時期に開催しようとすると、日程を合わせるのが難しくなる。

　さらに、年度末の開催のネックとなる要因がもう一つあった。発表者が多様化してくる中で、もっと幅を広げていきたいと欲が出て、博物館であまり見かけない年齢層である、高校生の参加を模索したのである。当館では、特に自然系の学芸員が近隣の高校の理科系の部活動などに関わり、活動のサポートをし始めていた。そのため、こうした学校の部活動に参加を呼びかける点では問題なかったのだが、年度末というタイミングは致命的だった。高校にとって卒業や新学期の準備、さらには教職員の異動など、「どうにもならない」時期だったのである。そこで、当初の卒論発表の場というきっかけとなったカテゴリーには少し目をつむり、当館の開館記念日である11月20日に近い週末に開催することとしたのである。ところが、心配された大学生の発表も、大学院に進んだ修論生が卒論を、あるいは、卒論生が中間発表的な位置づけで研究を整理して発表するといった形態に落ち着き、発表数も減少することなく維持されている。

　こうして、発表会はボランティアグループと、中学や高校、そして主に大学の研究発表の場として定着するようになった。この発表会の運営を話合う

図6 「学びの収穫祭」高校生の展示発表

図7 高校生と大学生の発表者による交流会のようす

ための場として、ボランティア連絡調整会議を隔月で行うようになり、平成23年（2011）度からは名称もこの会議の中で検討された結果「学びの収穫祭」と名付けられた（図6,7）。

今、学びの収穫祭は、当館が市民とともに歩む姿勢を体現するイベントとして定着している。当初はボランティアの一部から、「研究発表なんてたいそうなことをするためにボランティアに参加しているわけではない」と否定的な声もきこえていた。しかし、実際に発表してみると、ボランティアグループとしての活動を総括できることや、他のグループの発表を通して新しい視点が得られること、興味を持つ一般市民の新たな参加を期待できることが理解されてきた。多くのグループが年に一度の活動の節目として、とても熱心に取り組んでいる。

平成26年（2014）度は11月15日（土）、16日（日）の二日間をかけて、17団体が口頭発表・展示発表・ワークショップといったさまざまな形態で発表を行った。今後も自主的な手作りのイベントとして、大切に育てていきたいと考えている。

３ ボランティアの多様性と博物館

相模原市立博物館では、相模原植物調査会のほかにも、専門分野に付随した活動を展開するボランティアグループと、博物館のイベント全般の補助や、独自企画による普及活動を行うボランティアグループが活発に活動している。以下に大まかな活動内容とともに列記する。

①民俗調査会
　フィールドワークを主体として街道や年中行事の取材などを行っているほか、市民を対象とした探訪会も実施している。
②福の会
　市内の旧家の蔵の収蔵品を整理してリスト化、並行してそれを列品する企画展示をシリーズ化して開催している。
③水曜会
　平成18～19年（2006～2007）に市町合併した旧津久井郡の民俗資料を再整理し、企画展示としてシリーズ化している。
④縄文研究会
　市域を中心とした遺跡の発掘調査に参加するほか、当館収蔵の埋蔵文化財資料を用いた研究活動を行っている。
⑤相模原地質研究会
　フィールドワークや岩石等の標本の整理、薄片標本の作製などを行うほか、地質分野の講座やワークショップの補助を行っている。
⑥さがみはら水生動物調査会
　市域の河川などで水生動物の調査を行っている。
⑦相模原動物標本クラブ
　鳥獣や昆虫などのはく製標本や骨格標本などの作製を行っている。
⑧相模原市立博物館天文クラブ
　天体観測や天体写真の撮影、館主催事業のサポートを行っている。
⑨市民学芸員
　博物館の各種イベントの運営補助や、常設展示を使ったクイズラリー、毎年開催している学習資料展の企画・製作及び関連事業であるチャレンジ体験コーナーなど、独自企画によるイベントを実施している。

図8　縄文研究会によるワークショップのようす

ここに挙げたボランティアグループの多くは、各専門分野の講座受講者を中心に構成されている。また、市民学芸員は、養成講座の受講が登録の要件であり、ほぼ毎年講座を開講し、新たなメンバーが加わっている。
　各グループの活動内容には書かれていないが、それぞれ学びの収穫祭での発表や、相模原植物調査会と同様に一般市民向けのワークショップなども行っている（図8）。
　こうした多様なボランティアグループが活動していることで、あくまでも専門的な生涯学習の機会を求めて博物館を活用する市民と、特定の分野というよりも、生涯学習施設としての博物館の活動に関わりたいという市民がそれぞれ自分のペースに合わせて参加できる体制となっている。

❹ これからの博物館とボランティア〜まとめにかえて

　これまで述べてきたように、相模原市立博物館は現在、ボランティアの存在無しに活動は成立しないと言っても過言ではない。しかしそれは、開館準備期間から開館当初まで、意図して作り上げてきた体制ではない。冒頭に述べたように、むしろ、当館は当初から友の会組織を置かず、市民による支援やボランティアに対して慎重な姿勢だったと言える。
　それが現在のように多様なボランティアグループが活発に活動するようになった背景には、バブル経済崩壊後の財政逼迫に伴う、度重なる運営予算の削減があった。有り体に言えば、借用資料を中心とした大がかりな企画展示、豪華な図録、展示室の大規模リニューアルといった計画は軒並み見送りや保留となり、学芸員は所蔵資料や市民とじっくり向き合いながら博物館の活動を維持することになったのである。
　もちろん、それは学芸員として地に足を付けたとても幸せな仕事のあり方だし、もともとそういう志向の学芸員が多かったことで、現在の体制に落ち着いたと言える。当館は名前だけで来館者数が見込めるような文化財のコレクションを所蔵しているわけでもなく、当初から地域の総合博物館を標榜しているので、落ち着くべきところに落ち着いたのである。
　一方で、博物館は常に内向きに仕事をしているわけではない。発信力や情報収集能力の向上、そして何より、収蔵資料の充実という永遠のテーマのために人も資料も常に動いている状態をキープしていかなくてはならない。マ

ンネリズムと人や資料の膠着状態に甘んじれば、博物館活動の先細りは避けられないだろう。博物館資料はただ保管しているだけでなく、常にその時々の地域のありようを示す最新の資料を積み重ねていくことが必要なのだ。

　そして、どの博物館も抱える共通の問題として、ボランティアを構成するメンバーの固定化、高齢化に加え、束ね役である学芸員もまた年齢を重ね、その先には定年退職という避けがたい節目を迎えることになる。現在の体制が博物館のあり方として普遍的な価値を伴うものなのか、その評価はそうした節目を経た後になると思われる。しかし、今は市民との歩みを止めることなく、着実に足跡を後世に残していきたいと考えている。

かわさき・人と星と緑の交流

かわさき宙と緑の科学館（川崎市青少年科学館）学芸員
國 司　眞

　川崎市青少年科学館は昭和46年（1971）にプラネタリウム施設として開館した。その後昭和57年（1982）に展示室・収蔵庫・調査研究室・学習室・天体観測室を備えた本館が完成し、川崎市唯一の自然科学系登録博物館として歩み始めた。地域に根ざした博物館が誕生した経緯から今後の展望について、天文部門を中心に述べる。

① 一枚の写真

図1　昭和30年(1955)11月、西生田小学校から箕輪観測所に移設された流星写真儀。左より香西・箕輪・冨田・内田の諸先生（川崎天文同好会創立50周年記念誌より）

　昭和24年（1949）、日本で初めて流星二点写真観測が川崎市西生田小学校と三鷹の東京天文台（現国立天文台）で開始された。図1は西生田小学校校庭に設置された四連流星写真儀を川崎市細山の箕輪観測所に移設した後のスナップである。当時、香西洋樹先生、冨田弘一郎先生は東京天文台新進気鋭の天文学者であり、箕輪敏行先生は小学校で教鞭をとられていた。この観測が契機となり昭和28年（1953）に川崎天文同好会が設立され、その立役者が箕輪先生である。
　川崎には戦後の混乱期から星や宇宙について観測研究をする気風があり、川崎天文同好会は市民天体観望会をはじめとする教育普及活動を積極的に展

開されている。平成25年（2013）には創立60周年を迎えられ、科学館で記念式典が開催された。

❷ 川崎市青少年科学館の設立

教育界や市民から児童生徒の理科学習、教職員の研修、科学教育の振興のためプラネタリウムを建設する要望がよせられ、昭和44年（1969）には（仮称）こども科学館構想が策定された。運営管理については小中高等学校の先生が中心となった運営協議会が設立され、学校教育・社会教育両面に活用される科学館として建設が進められた。

図2 昭和46年（1971）、開館当初の青少年科学館

運営協議会には基本計画部会・プラネタリウム部会が設けられ、大谷戸小学校長であった川崎天文同好会の箕輪先生はその中心となり、科学館建設の原動力となり活躍された。

当時、県内のプラネタリウム施設は横浜市桜木町の県立青少年センターだけで、投影機の操作と解説を担う人材は大変貴重だった。川崎市は神奈川県に県から市へ異例の人事異動を要請し、県立青少年センターの解説員として活躍されていた若宮崇令氏を川崎市のプラネタリウム担当職員としてお招きすることができた。これは同センターの天文課長であった河原郁夫氏のご理解とご尽力によるものである。こうして青少年科学館は昭和46年（1971）8月に開館することができた（図2）。

❸ 初期のプラネタリウム運営

開館当初、科学館にはプラネタリウム投影機本体とスライドプロジェクターがあるのみだったが、若宮氏はオリジナリティーのある投影ができるように、空き缶を利用した日周弧投影機や星時計を製作し、マニュアルの良さを生かした解説手法を確立された。

昭和55年 (1980)、プラネタリウム投影機は五藤光学のM-2型から GM2-16型に更新され、ドームのあちこちに映像が出せるランダム投影機、自由に映像を動かせるXY投影機、360度のパノラマが投影できるスカイライン投影機等が導入された。スカイライン投影機には小学校理科研究会の先生方にご協力いただき、市内全ての小学校校庭から撮影した校舎のパノラマ映像を組み込み、学習投影で重要な方角確認に役立てることができた。

　このような手法は現在のプラネタリウムにも引き継がれ、パノラマはスライドからデジタル映像に刷新されたが、小学生が星や宇宙に興味を持ち、探究心を育みたいという気持ちは開館時から続いている。科学館職員が毎月プラネタリウム番組を企画・制作し手動で生解説する手法は、若宮氏をはじめ多くの先輩方が培ってきた川崎方式のプラネタリウム投影で、地域博物館のプラネタリウムとして多くの市民に親しまれ、何度も投影を楽しんでいただけるように、この川崎方式を発展させることが重要だと考えている。

4　博物館登録と市民協動による自然調査

　第1期工事のプラネタリウム設置に続き、自然史系博物館を目指す第2期工事が昭和55年 (1980) に着工され、科学館が生田緑地内にある立地を生かし、自然を対象とする資料収集・調査研究ができる施設として本館が建設されることとなった。本館には展示室・調査研究室・収蔵庫・学習室・天体観測室等の博物館機能が加味され、科学館は昭和57年 (1982) に登録博物館として歩み始めた (図3)。

　自然史系博物館として発足したのを契機に、市民が参加して行う川崎市域の自然環境調査を開始した。この調査では科学館が市民調査ボランティアを公募し、市民自然調査団が結成された経緯がある。これが第1次川崎市自然環境調査へ発展し、川崎市全域の地質・植物・動物などの調査を約70人の参加者と実施した。その成果として当時の自然を貴重な記録として収集保存し、市民の自然や環境へ

図3　プラネタリウム館の南側に建設された本館

の意識向上を図ることとなった。

　第1次調査は5年間、第2次は3年間で川崎市全体の調査、第3次調査は3年間で生田緑地の調査を実施し、調査に参加された市民を中心に「かわさき自然調査団」が結成された。現在は第8次調査が実施されており、各次の調査報告は川崎市域の自然がどのように変化しているかを正確に把握している。現在、かわさき自然調査団は特定非営利活動法人となり、生田緑地で実施する自然観察会（図4）や植生管理計画等で大活躍され、科学館の大切なパートナーとなっている。

図4　調査団が講師となり開催される自然観察会

⑤ 見るプラネタリウムから使うプラネタリウムへ

　「科学館は税金で造ったのだからプラネタリウムは市民のもの、皆さんにどんどん使っていただこう」。この若宮氏の発想をもとに実施しているのが「プラネタリウム宇宙教室」（図5）と「星空創作教室」（図6）である。

　宇宙教室は高校生以上の市民、創作教室は小中学生を対象としプラネタリウム番組を企画・制作・投影する能動的参画講座で、「三蔵法師の見た星空」「ホルストの惑星とその時代」「いちばん星みーつけた」「万葉集で愉しむ星空」「夏・なつ・ナツ・夏至祭り」「沖縄の島々は海のすばる」「宇宙のおもちゃ箱」「200万光年

図5　プラネタリウム宇宙教室

図6　星空創作教室のメンバー。左端が若宮氏、右端が美術指導をしてくださった田中画伯

の旅」「進め星空探検隊」といったテーマで番組を制作し、特別投影として公開したところ毎回満員の好評を得ている。

6 科学館リニューアル

（1）リニューアルまでの経緯

　プラネタリウム館が建設されて27年経過した平成10年（1998）に改築基本構想が策定されたが、財政状況の悪化で改築計画全体が5年以上凍結されてしまった。その後プラネタリウム回廊及びドーム内の雨漏り、収蔵庫の狭矮化、展示の陳腐化等の問題が発生し、それを職員のマンパワーでどうにか乗り切る運営が続いた。この状況を打開するため基本構想を抜本的に見直し、関係各部局の理解を求めたところ、ようやく凍結が解除され平成20年（2008）に基本計画の策定までこぎつけた。そして平成21年（2009）基本設計、平成22年（2010）実施設計及び着工、平成24年（2012）竣工となった（図7）。

図7　竣工した自然科学棟

（2）プラネタリウム全体のコンセプト

　科学館では、開館以来専任の解説員がプラネタリウム番組の企画・構成・制作・解説を行っている。毎月話題を変える一般投影では、日々の天文現象に即応した星座解説と、天文・宇宙について1年間で網羅できる内容をテーマとしている。また、小中学生向けの学習投影では市内教員に協力いただき、学校では学習の難しい星空の動きを、宇宙の摂理とともに体験できる投影を目指している。
　これらの実績を踏まえ、多くの市民が創作活動の場としてプラネタリウムを活用でき、生涯学習の

図8　2014年度、番組制作教室のメンバー

拠点として開かれたプラネタリウムとなるようなシステムとした（図8）。開発製作は公募プロポーザルで選定された有限会社大平技研・公益財団法人日本科学技術振興財団共同体に委託した。

（3）恒星投影機

　システムの中核をなすメガスターⅢフュージョンの恒星投影機は、12等星まで約1,500万個の恒星を投影することができる。2等星まで135個は個別の輝星投影機から、それより暗い恒星は恒星投影ユニットの原版から投影される。輝星投影機及び恒星ユニットの光源である高輝度LED群の各光源はデジタル投影機に連動し、任意にON・OFF及び調光が可能である。この機能により変光星の光度変化をリアルに再現できる。さらに2等星以上を輝星投影機、それより暗い星を8Kデジタルシステムで投影するフュージョンモードでは、従来の投影機ではできなかった、流れる雲間から見える星空等を再現することができる。運動系は日周軸、緯度軸、水平軸の3軸あり、歳差運動も3軸の合成で再現することができる。

（4）デジタル投影システム

　本システムは全天を4Kと8Kのデジタル映像でカバーする2系統のデジタル投影機群を備えている。

　4Kシステムはドーム北側と南側の水平線位置から、ビクター製DLA-SH7NL投影機2台により投影している。そのため恒星投影機の影が2ヵ所できてしまう。つなぎ目の輝度調整は、光路中のブレンディングフィルターと電子的な輝度調整を併用している。8Kシステムはビクター製DLA-F110投影機17台で全天をカバーしている。プロジェクションギャラリーの水平線位置から、3台が天頂方向、6台が中間方向、8台が水平方向に投影している。中間方向の3台は、別映像を3方位に投影することで講演会等で活用できる。水平方向の投影機はドーム中心をずらし投影す

図9　小学校のパノラマと星の動き

図10　プラネタリウムのコンソール

るので、パノラマに恒星投影機の影がなく大変リアルな映像を投影できる（図9）。

(5) コンソール及び制御ソフト

コンソールは解説者が手動で操作しやすいこと、市民の番組制作発表会等で2人の解説者が同時に入れること等を考慮して設計製作された（図10）。中央に向かって、正面が主にメガスターの操作盤、左側が主にデジタル映像の操作盤、右側が音響関係の操作盤である。ボタンやスイッチは、以前使用していたGMⅡ投影機のコンソールに近い配列にした。また、星座絵、星座線は88星座全てが独立スイッチにより任意に投影できる。

投影で使用するデジタルプラネタリウムソフトは、番組の内容により使い分けている。一般投影ではアストロアーツ社のステラドームプロとオリハルコンテクノロジーズ社のユニビュー、学習投影はステラドームプロ、市民や児童生徒が企画・制作する投影ではステラドームスクールを主に使用している。これらのソフトは光学投影機とデジタル投影機が連動し、メガスター優先のマニュアル操作が可能で、PCの画面をクリックするのではなく、コンソールのスイッチとダイアルで操作できる大変使いやすいシステムとなっている。

(6) 多くの市民が本当の星空を楽しめるアストロテラス

科学館ではプラネタリウム投影終了後、今日紹介した星座や星を実際の星空で探してくださいと呼びかけている。プラネタリウム見学をきっかけに、家族や友人と夜空の星をぜひ見上げていただき、本物の素晴らしさを体験していただきたいからである。

旧天体観測室はドーム式のた

図11　アストロテラス全景

め、一度に十数人しか中に入れず、スリットからは狭い範囲の星空しか見えなかった。そのためより多くの人が複数の天体を観察できるように、見晴らしの良いスライディングルーフ式のアストロテラスを屋上に建設した（図11）。

設置されている望遠鏡は、株式会社三鷹光器により製作された4連太陽望遠鏡1台（図12）、20cm反射望遠鏡1台（図13）、30cm屈折望遠鏡2台（図14）である。

図12　4連太陽望遠鏡

4連太陽望遠鏡（図12）は太陽専用の望遠鏡で、減光フィルター、Hαフィルターを装着している。眼視での白色光像、Hα像の観察とデジタルカメラでのHα像、白色像が撮像可能である。その画像はディスプレイによりリアルタイムで表示している。20cm屈折望遠鏡（図13）は、昼間でも5等星までの恒星が確認できる高精度の低分散ガラス素材を使用した対物レンズを備え、車椅子の方や子どもも観察しやすい、バリアフリー設計の接眼部が装着されている。

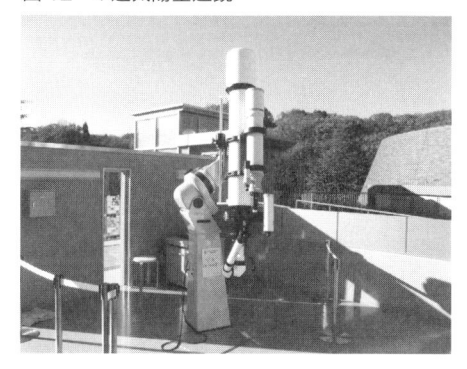

図13　20ｃm屈折望遠鏡

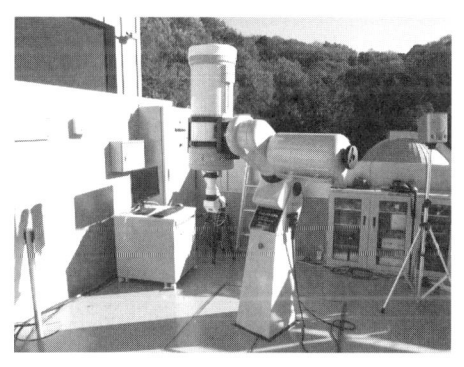

図14　30ｃm反射望遠鏡

30cm反射望遠鏡（図14）は、熱膨張率の低いガラス素材で高精度の反射鏡を使用したカセグレン式鏡筒を採用し、川崎では見ることが難しい星雲・星団・銀河を観察することが可能である。

図15 内野哲先生(左側)に阿部市長より感謝状贈呈

なお、アストロテラスの望遠鏡設置には、美しい星空への関心が青少年に高まるよう、科学技術の研究に熱心で川崎市多摩区登戸に在住された鈴木釆二氏、鈴木次男氏、鈴木洋二氏の遺産を活用させていただきました。また、ご寄付に際しまして、川崎天文同好会の内野哲先生には多くのご配慮をいただき、阿部孝夫市長より感謝状を贈らせていただきました（図15）。職員一同心より感謝申し上げます。

（7）40cm反射望遠鏡での木星閃光観測

40cm反射望遠鏡は設置から30年が経過し、光学系・電気回路等の部品が劣化したため、全て分解し反射鏡の再メッキ、電子回路及び配線の交換、プロミネンス望遠鏡を15cm屈折望遠鏡に交換、主焦点撮影アタッチメントの交換、鏡筒及び赤道儀の再塗装を実施した。この改修により、系外銀河の超新星観測、太陽系外惑星の観測、地球に接近する特異小惑星の観測、木星閃光現象の観測等が可能となった。

平成24年（2012）から木星閃光現象の共同観測を国立天文台と継続的に実施しており、観測にあたっては明治大学天文部、科学館天文サポーターに協力していただいている（図16）。

木星に小天体が衝突して起こる閃光現象は、非常に稀でかつ微小な発光であり、その発光現象が撮像素子のノイズでないことを確認するためには複数の観測施設で同時に撮影する必要がある。三鷹の国立天文台と当館は直線距離が約7kmであり、観測時の天候がほぼ同じなため大変重要な観測拠点となっている。

図16 木星観測中の明治大学天文部、天文サポーター

7　一枚の写真

　図17の写真は箕輪先生が天文講演会「星と短歌の世界」の講師として来館されたときのスナップである。河原先生は神奈川県立青少年センターを退職されてから、当館の協議会委員としてプラネタリウム全般についてご指導いただき、現在もシニア向け投影「星空ゆうゆう散歩」を毎月解説されている。

図17　本館屋上の旧スライディングルーフ観測室。右から河原郁夫先生、箕輪敏行先生、筆者。

　川崎市西生田小学校と三鷹の東京天文台で実施された流星二点写真観測から60年の時が流れた。河原先生は当時大学生としてこの観測に参加され、天の川の見える川崎で箕輪先生や冨田先生と流星写真儀を操作しておられた。このように多くの先輩方の星空や宇宙への探究心が確実に受け継がれ、現在の科学館がある。

　開館当初からの「市民とあゆむ科学館」を基本理念に、「開かれた博物館」として市民や社会に貢献する調査研究・収集保存活動を実施してきた。

　これからも「体験する博物館」「育む博物館」「つなげる博物館」として自然・天文・科学に親しみ興味や理解を深める活動を展開する必要がある。そして、学校教育・次世代育成・生涯学習・社会貢献を支援し、人と自然と学びをつなげる科学館にしなくてはならない。

金沢文庫における文化財の修理と保存

神奈川県立金沢文庫　学芸課長
西 岡 芳 文

　神奈川県立金沢文庫は、金沢文庫の遺跡を継承する称名寺の文化財を保全するため、昭和5年（1930）に神奈川県によって建てられた施設である。鎌倉文化を代表する美術工芸品と、膨大な古書・古文書を収蔵する歴史博物館として、その名は広く知れ渡っている。

　しかし県立金沢文庫が創設され、今日にいたるまでの経緯は平坦な道のりではなかった。まずはその辺の事情から話を進めていきたい。

1　金沢文庫の前史

（1）称名寺の衰退と文化財の受難

　明治維新を迎え、公禄返上となった称名寺は、檀家も少なく、ただちに経営の苦難に直面することとなった。伽藍の管理も覚束なくなり、寺内の子院もつぎつぎ廃絶した。こうした称名寺の惨状を見かねて手をさしのべたのが、元勲・伊藤博文である。若き日に異国船警固のためにこの辺に滞在した経験をもつ伊藤は、金沢八景の風光を愛し、しばしばここに足を運んだ。荒廃した称名寺の文化財の管理にも意を注ぎ、横浜開港で財をなした平沼専蔵を口説いて2,000円の大金を出資させ、称名寺境内の大宝院の敷地内に石倉を建てさせた。一切の作業は志士あがりの歴史家・岡谷繁実に任された。

　明治30年（1897）4月、ついに石倉と木造の書見所からなる建物が落成し、これを「金沢文庫」と名付け、称名寺の文化財を収納した。しかし伊藤博文が暗殺されたことによって、明治の金沢文庫（図1）は、まともに活動しないうちに老朽化し、大正12年（1923）の関東大震災によって崩壊し、消滅してしまったのである。

　この間、称名寺では、寺宝の流出という重大な事件が発生し、寺院の存続

も危ぶまれて、識者の憂慮するところとなった。

危地におちいった称名寺を救うべく、真言律宗総本山の西大寺では、弱冠25歳の小林憲住師に称名寺の寺務をとらせることに決定した。

小林師が住職に着任してから、内務省考証官を勤める荻

図1　明治時代の金沢文庫（称名寺大宝院境内）

野仲三郎らが頻繁に通うようになり、史跡調査のための測量と古文書の調査が同時に進められた。称名寺境内の国史跡指定は大正11年（1922）10月12日である。後に県立金沢文庫の建つ場所に、称名寺独自で宝物館を建設する計画があったらしい。

（2）救世主・大橋新太郎

寺宝流出をめぐる訴訟費用捻出のために売却された旧海岸寺敷地を買収したのは、博文館の社主であった財界の大物・大橋新太郎であった。大橋新太郎は、父佐平が開いた博文館を受け継ぎ、当時日本最大の出版社に育て、共同印刷・東京堂（取次）も経営して印刷・出版・販売を一貫するコンツェルンをつくりあげた。また社会事業として私設の大橋図書館を建て、一般に開放して出版文化の普及につとめた。金沢文庫の遺跡を継承する称名寺に大橋が別荘地を選定したのも、出版人・文化人としての強い意識があったためであろう。称名寺の堂宇の修理・仏像の寄進・山林の整備なども次々に大橋氏の配慮によって実現した。

折しも、昭和2年（1927）に神奈川県知事となった池田宏は、内務大臣・後藤新平の片腕として、関東大震災後は帝都復興院の幹部として活躍した有能な内務官僚出身者であった。彼は県知事在任中の4年間に、地方自治の充実を唱え、神奈川県下の自治体の幹部を養成する研修施設の設立を考えていた。金沢文庫の再興計画は、池田知事の構想と重なるところがあったため、史跡金沢文庫を記念する県立の社会教育施設の創設という方向で計画が進められることになった。昭和3年（1928）に県会で可決された予算、5万円をもとに、大橋氏が私財から同額の5万円を神奈川県に寄附し、永久に

神奈川県が金沢文庫を運営するという契約のもとに、神奈川県立金沢文庫の設置が決定した。

2 県立金沢文庫の創設

(1) 県立金沢文庫の発足

昭和4年 (1929) に着工した金沢文庫 (図2) は、外観和風の鉄筋コンクリート2階建ての本館を称名寺境内の苑池西側 (阿弥陀院跡) に設け、中世のトンネルを復活させて、西側尾根の向こう側に木造の研修施設を配置し、食堂や宿泊所とするものであった。昭和天皇即位の御大典事業として、この研修施設は「昭和塾」と名付けられた。

翌昭和5年 (1930) 8月8日に竣工を迎え、盛大な開館式典が挙行された。知事の告辞では、「精神文化の殿堂」としての金沢文庫と「憲政自治の訓練道場」としての昭和塾という設立の趣旨が宣言されている。称名寺の寺宝だけでは展示が成り立たないと考えた大橋氏は、私蔵の美術品や古書を金沢文庫に寄贈し、伊藤博文が残した明治憲法起草の参考書となった和書・洋書からなる憲政資料とともに、近代の金沢文庫に特別な色を添えることになった。

称名寺に伝わる文化財のうち、金堂に安置する本尊など、寺の活動に必要な仏具類以外はほとんど金沢文庫に寄託された。県立金沢文庫創設以前に、国宝に指定された『文選集注』や「十六羅漢像」、そして震災によって破損した「本尊弥勒菩薩立像」や「釈迦如来像」「十一面観音立像」については国庫補助による修理が行なわれており、県費による文化財修理は実現していなかった。

金沢文庫開館後に、称名寺から大量の古書が搬入された。その一部は、すでに小林住職のもとで、荻野氏らが重要性に気づいていたが、初代金沢文庫長となった関靖と司書の熊原政男が恒常的に整理を行なうことによって、発見された資料の性格

図2 創設当時の県立金沢文庫と初代文庫長関靖
(昭和初期)

が解明され、その重要性が明らかになったのである。

(2) 古書と古文書の発見

　長持9棹分と言われる新発見の古書は、鎌倉時代から室町時代にかけて称名寺の学僧たちの営みによって形成された「聖教(しょうぎょう)」と呼ばれる仏教典籍であり、金沢文庫本の度重なる流出の際にも、僧侶たちが秘蔵し、大切に固守してきた書物群である。糊の剥離や虫損により、当初の装訂を残しているものは少なかったが、1万点をこえる未知の書物が新たに出現し、看板だけであった金沢文庫に内実を与えることになった。

　しかし戦前においては、仏教典籍に対する学問的評価が浅かったこともあり、新発見の聖教も、まずは裏面に残された紙背文書から注目されることになった。鎌倉時代後期に称名寺長老となった釼阿のもとには、大檀那である金沢貞顕から恒常的に書状が送られ、公私にわたるさまざまな情報が伝えられていたのである。こうした書状は、用が済んだ後は反故紙として払い下げられ、裏面の白紙を利用してさまざまな仏典の書写に使われた。書状の原型を解体して、切り刻まれて書物に仕立てられていることから、パズルのように断片をつなぎ合わせ、書状の原型を復元する作業が続けられた。こうした作業は戦争中まで地道に継続され、15年間に約4,200通の文書が復元された。

　鎌倉時代の歴史は、『吾妻鏡』が中絶する文永3年（1266）以後は暗黒に閉ざされていた。わずかな古文書と簡略な年代記、そして京都の公家がつづった風聞が記録される程度で、鎌倉時代後期の鎌倉幕府の内情を知る手がかりがなかったからである。ところが金沢文庫で発見された資料は、鎌倉最末期に執権まで勤めた金沢貞顕自らの書状が数百通、それをとりまく人々の書状も多量に含まれていた。これは鎌倉時代の歴史を考えるための一級史料であり、それまでの通史を塗り替えうる画期的な発見であった。

　金沢文庫文書の整理は、東京大学史料編纂所の編纂官相田二郎や佐藤進一が加わることによって、当時考えうる最高の学術的水準で整理・翻刻・考証作業が進められた。その成果は、まず称名寺の寺院経営や寺領支配にかかわる公文書を中心にして、昭和12年（1937）に『金沢文庫古文書』第1輯として出版され、昭和18年（1943）には、金沢貞顕書状などを中心とする紙背文書を翻刻した第2輯が出版された。この事業によって、鎌倉文化の宝庫としての金沢文庫の名声が確立したと言えるだろう。

一方、書物として復元された資料に対しては、仏教史を専門とする研究者が調査を展開し、その重要性が確認されることになった。昭和8年（1933）に東京文理科大学の松本彦次郎が法然直弟の隆寛の失われていた著作を発見したことに始まり、塚本善隆ら京都仏教専門学校（仏教大学）の研究グループが初期浄土宗の重要典籍の存在を明らかにした。昭和10年（1935）には立正大学の高瀬乙吉・稲田海素らによって、日蓮が17歳の時に安房国清澄山で書写した自筆写本が見出され、世間の注目を引いた。また大正大学の櫛田良洪は、生涯にわたって金沢文庫の密教典籍に取り組み、畿内の真言宗寺院には残らない珍しい聖教が大量に残されていることを見出した。日本仏教史の大きなエポックである鎌倉時代の仏教の研究は、金沢文庫の資料が見出されたことによって飛躍的に発展したのである。

（3）古文書の修理と保存
　こうして反故紙の中から発見された古書と古文書は、文化財として比類のない価値を有することが認識され、それを安全に保存することが喫緊の課題となった。大橋新太郎は、金沢文庫におけるこうした画期的な発見を大変喜び、古文書の復元修理や古書の装丁に関する経費をほとんど私費でまかなうとともに、古文書を収納する箪笥や展示に供する陳列ケースまで寄付したのである。また研究資料の充実を図るため、鎌倉雨潤会という財団からの寄付金が寄せられた。この財団は、古河財閥に養子入りした陸奥宗光の子息・潤吉を記念するために設立されたものである。
　現代の眼から見ると、この時の古文書の修理については大きな問題点があった。それは、金沢貞顕書状をはじめ、4,200点の古文書が復元・修理される一方で、本来伝わった書物・聖教としての形状を壊してしまったことである。幕府の要職を勤めた貞顕が書状に用いた料紙は、当時の最高級の和紙が使われており、それを利用して作られた聖教も、かなり重要なものが多かったが、そうした聖教が解体され、古文書の裏側に分散する形になってしまったのである。この問題は戦後に持ち越され、昭和20年代で紙背文書を表にした修理は幕を閉じた。

（4）金沢文庫の研究と複製頒布事業
　関靖は、金沢文庫に収蔵する資料の整理だけでなく、外部に流出した金沢

文庫資料の追跡調査も精力的に行なった。こうした調査の旅費や撮影費用も大橋氏のポケットマネーによるところが多いという。全国各地の文庫や図書館、個人コレクターが所蔵する金沢文庫本のデータが集積され、金沢文庫印の種類や書物の内容などが体系的に研究されたことによって、鎌倉時代の武家文庫の実情が明らかになってきた。

　こうした研究成果を社会に還元するため、金沢文庫同好会という任意団体を設立し、目録や研究書、貴重本や古文書のコロタイプ版による複製を希望者に頒布する事業が昭和9年（1934）からスタートした。最初は横山助成県知事の退任を記念した個人的な寄付金によって、昭和10年（1935）に「金沢文庫叢書」の講読会員制がスタートした。このシリーズでは大判の『金沢文庫本図録』（上下2冊）と『金沢文庫古文書』（第2輯まで）・『金沢文庫古書目録』が刊行された。金沢文庫古文書は、翻刻の番号順にコロタイプ印刷による古文書の影印がつき、数枚ずつ順次頒布された。

　さらに昭和17年（1942）には政財界の有力者の賛同を得て「金沢文庫古典保存会」が発足し、希望者を募って目録や研究書、そして影印版を頒布することになった。その収益は金沢文庫資料の保存・修理資金にあてられることになっていた。『たまきはる』『連歌懐紙』『春秋左氏音義』『兼好書状』などが相次いで影印され、予約者に配布されている。

　このような出版事業は、公費をあてにせず、民間の寄付を募る形で行なわれたところに特色があり、当時の日本の中枢にいた人々が金沢文庫に対して大きな期待を寄せていたことがうかがえる。しかし戦争の拡大によってこの事業を継続することが困難となり、中絶に追い込まれた。

（5）戦後の活動再開と文化財保存事業

　第2次世界大戦の戦局が悪化した昭和19年（1944）には、金沢文庫の活動は休止状態となり、5月には仏像類の疎開が始まった。陸奥家（鎌倉雨潤会）の寄付金によって金沢文庫に面する崖に掘削された防空壕も活用され、文庫の建物は海軍が徴用することになった。金沢文庫の活動が再開するのは昭和21年（1946）4月からであり、疎開した資料の回収、軍国主義的図書の処分など、戦後処理には時間がかかった。昭和30年（1955）には新たに県立図書館が開館したことから、一般の図書館業務は移管し、金沢文庫は博物館専業となった。

県立金沢文庫創設20年を迎え、昭和26年（1951）には「称名寺史跡保存会」が発足し、知事の肝入りで金沢文庫の研究事業が本格的に再開した。この年、関靖の長年にわたる研究成果が『金沢文庫の研究』として上梓され、翌々年には学士院賞の栄誉を受けた。戦前に2冊刊行されたまま中断していた金沢文庫古文書の翻刻は、構想を新たにして県費で出版されることとなり、昭和27年（1952）3月から昭和39年（1964）4月までの間に、全19冊を刊行した。この中には古文書・聖教奥書だけでなく、金沢文庫に寄贈された依田家文書や永島家文書など、江戸時代の古文書まで含まれている。また一般的な事項まで詳細に採録した索引は、扱いの難しい金沢文庫文書の検索・考証の助けとなり、細部まで行き届いた古文書集として高い評価を受けた。

　戦前から戦後にかけて、金沢文庫には地元の経師職人がほぼ常駐し、古文書の裏打ちや古書の修理を引き受けていた。美術工芸品については大規模な修理はまだ手がけられていない。昭和30年代には、称名寺金堂の天井裏から大幅の仏画が発見されたり、床下から青磁の花瓶なども出現し、本尊後壁に隠されていた壁画が見出されるなど、新たな文化財の発見が続いた。

　昭和42年（1967）から43年（1968）にかけて、大橋家が手放した称名寺の裏山が宅地造成のために削平されそうになり、大きな社会的問題となった。地元住民・大学生の反対運動と、文化庁の指導のもと、史跡地の拡大が実現し、称名寺裏山の景観はぎりぎりのところで保全された。この騒動が収束した直後から、昭和44年（1969）の金堂壁画・玉簾の修理を皮切りに、書跡・絵画・工芸・彫刻の指定品の修理が順次実施された。国指定のものは国庫補助を受け、県指定品以下の資料は県費によってまかなわれた。この時期の修理は、文化庁の認定を受けた外部の専門業者に発注して実施されている。

　昭和5年（1930）に建設された金沢文庫の建物は、躯体は頑丈なコンクリート製であったが、そもそも多量の文化財を収蔵することを想定しておらず、空調設備もなかった。昭和42年（1967）には県立博物館が横浜の中心部にオープンし、通史的な展示はそちらに移り、金沢文庫は称名寺寄託資料を中心とする中世歴史博物館として専門化を深めた。そのような事情から、金沢文庫を文化財保管を主たる業務とする博物館施設に改築する計画がもちあがったのである。およそ20年にわたる大規模な文化財修理事業は、そうした金沢文庫の改築を見据えて、特別予算を組んで実施された。

3　金沢文庫新館の建設

(1) 新館建設への道程

　金沢文庫改築計画は、昭和40年代後半から具体化した。当初の構想では、既存の金沢文庫の隣に、類似したデザインの建物を一棟増設し、収蔵庫にあてるというものであったらしい。しかし、国指定史跡地内であるため、少なくとも称名寺の境内（苑池周辺）に建設することは不可能であるとの判断に至った。

　史跡称名寺境内の管理団体となった横浜市では、昭和46年（1971）から伽藍跡地の発掘調査を実施し、昭和53年（1978）からは苑池の中央部の大規模な発掘調査が実施された。その結果、称名寺絵図に描かれた二橋の橋脚が出土し、絵図の信頼性が確認されることになった。

　称名寺の子院跡地や伽藍後背地など、金沢文庫新館の建設場所についてはいくつかの候補が挙げられたが、文化庁や横浜市との協議は難航した。最終的には昭和塾（戦後は県立社会教育開館）を廃止して、そこに金沢文庫新館を建設し、鎌倉時代のトンネルには手をつけず、戦争中に防空壕として利用されていた隣接する洞窟を拡張して称名寺と新文庫をつなぐ計画で落ち着いた（図3）。この谷戸は、かつて「文庫ヶ谷」と呼ばれ、金沢文庫の遺跡地として有力な地点であったことから、金沢文庫新館の建設にはふさわしいと判断されたのである。着工前に全面発掘が実施され、広く搗き固められた土丹面をもつ遺跡が出土し、鎌倉時代の金沢文庫ではないかと推定されたが、遺跡はなお周囲の住宅地に伸びており、文字資料の出土もなかったことから、確定には至らなかった。中世のトンネルから谷戸の中心に伸びる道路の痕跡は確かに発見されて

図3　現在の金沢文庫（称名寺側トンネルから）

いる。

（2）金沢文庫新館の設備と運営

　旧館時代の金沢文庫は、1階に書庫と事務室があり、2階に講堂と展示室があった。いずれも等間隔で細長い窓が連なり、密閉できる構造ではなかった。空調設備はなく、夏期には展示室の窓を開けて換気をはかり、湿度の高い季節には、可動式の除湿器を配置したが、焼け石に水という状況であった。毎年6月に窓をベニヤ板で覆い、2週間ほど燻蒸を実施することによって、かろうじてカビと虫をふせいでいた。

　新館の建設にあたっては、総建設面積を、収蔵・展示・管理で3等分する予定であったが、敷地内から遺跡が出土したことによって地下の利用が制限されることになった。そこで収蔵・展示スペースは当初計画通りにし、管理スペースを縮小して建設することになった。収蔵・展示設備については文化庁の指導を仰ぎ、密閉式、24時間機械空調の方式で施工された。

　平成元年（1989）1月に新館建設工事に着工し、翌年10月に新館がオープンした。聖教は400の桐箱に収納され、古文書や一切経とともに第1収蔵庫に整然と収納された。絵画・彫刻・工芸等は第2収蔵庫に納め、収蔵庫内に大幅の絵画を広げるだけのスペースも確保された。

　展示スペースが充実する一方で、それに見合った展覧会を開催することが必要となった。常設陳列という形式をとれなかったため、新館開館以来、ほぼ2カ月毎にテーマ展・特別展を開催し、毎回図録を作ることになり、学芸員は展覧会の運営に忙殺された。

　新館になってから、大型の文化財の指定が行なわれている。平成2年（1990）の「金沢文庫文書」(4,149通)、同9年（1997）の「宋板一切経」(3,486帖)、同18年（2006）「称名寺聖教」(13,027点）など、膨大な文献資料をまとめて重要文化財に指定するようになったのが最近の特徴である。こうした資料群の指定にあたっては、数年間に及ぶ地道な調査と目録採りが必要であるため、外部の調査員も導入した。

　文化財の修理も新館開館以後も継続して実施されていたが、予算は減少の一途をたどり、彫刻や絵画などの本格的な修理が困難になったため、小規模な文化財修理しか行なえなくなっている。長引く不況によって、維持運営費もまた減少の一途をたどっている。展覧会の開催費の大部分は事業収入に

よってまかなわれているが、入館者の減少は収入減に直結し、極限までスリム化された運営予算では、光熱費の拠出さえままならない状況が毎年のように続いているのである。

(3) 曲り角に直面する金沢文庫

　このシンポジウムをお引き受けした時には想定もしなかった事態が惹起し、はなはだ心もとないことをお話ししなければならなくなった。平成26年（2014）9月初頭、金沢文庫の収蔵庫に収納していた多数の宋板一切経の表紙にカビが発生していることが確認され、10月から2ヵ月半にわたって休館せざるを得なくなったのである。文化財を保全し、未来に引き継ぐ役割をもった博物館にとっては致命的なミスであった。まずこのことについて皆さまにお詫び申し上げなくてはならない。

　今回の事案については、いずれ公式な報告書が公表される予定なので、ここで詳細を述べることは控えさせていただくが、根本的な問題は、施設の老朽化ということにつきる。新館計画段階から金沢文庫に携わっていた筆者の感覚では、いつまでも設備は新しいものであるという観念が抜けていなかった。当初設置してあったコンピューター類がたちまち旧式となり、パソコンの時代に移行したのは、そうした電子機器の宿命として受け入れてはいたが、空調や照明設備の老朽化に想い至らなかったのは大きな判断ミスである。

　役所の運営する施設の宿命として、長期的な更新計画に関するシステムが明確に位置づけられておらず、不況下の財政では、機器の更新やメンテナンスの予算を獲得することが極めて難しい状況にあった。規模の大小はあっても、空調設備というものは、家庭用のエアコンや冷蔵庫と同質の機械であり、それを20年以上も稼働させることがいかに無理なことであったかを認識する必要があった。

　金沢文庫新館の空調機には2台のチラー（冷水発生機）があり、通常は片方ずつ運転し、炎暑の時期には両方とも稼働させて温湿度を維持するというシステムになっていた。しかし最近は、修理を加えても交互に故障するようになり、昨年8月末の急激な温湿度変化に対応できず、そのため収蔵庫内の桐箱に収納されていた宋板一切経の厚い表紙に蓄積した湿気がカビ発生の臨界値を超えたものと推定される。幸い、今回は県当局の特別なお計らいをいただき、ただちに燻蒸を実施し、館内清掃を終え、空調機器の更新も具体化

しつつある。

　新館設計の時点で、密閉した収蔵庫で安全に文化財を保管するとした理念は、あくまでも空調機器が所期の性能で順調に稼働することを前提としていた。しかし空調機が片肺運転となった時点で、収蔵庫内の点検・管理を重視すべきであった。機械任せの文化財管理の危険性に早く気づくべきであったというのが大きな教訓である。

　古代以来の神社建築は、共同体が伝承する聖なる遺物を収納する倉庫（ホクラ・ホコラ＝秀倉）として建てられたが、伊勢神宮を始め、式年遷宮・造替として20年程度で改築・改修を行なうことが神事として制度化されている。また寺院に安置される一切経は、輪蔵と呼ばれる回転式の書架に収納され、善男善女が功徳を求めて回転させればおのずと換気が行われる仕組みになっている。一見乱暴そうに見える経典の「転読」という儀礼も、年に一度経典を点検し、風を通すという面では効果的な作業である。このように先人の築いたシステムは、重要な宝物を収納する建物の更新や文化財の保管について成熟した模範を提供している。こうした古来のソフトウェアの中に現代の博物館が抱える問題を解決する智恵が隠されているように思う。

世界に開かれた美術館を目指して
―情報発信と市民参加―

横浜美術館　主席学芸員
沼田英子

はじめに

　今年開館25周年を迎えた横浜美術館は、設立当初から「みる」「つくる」「まなぶ」機能の連携によって総合的に美術を楽しむことを活動の基本方針としてきた。丹下健三設計による美術館の建築は、展示室がある中央棟の両翼にアトリエ棟と情報センター棟が配されており（図1）その理念を象徴的に表している。

図1　横浜美術館外観

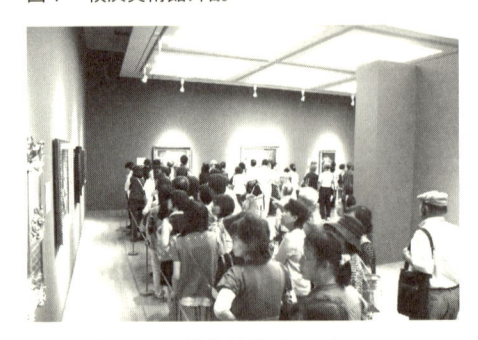

図2　プーシキン美術館展（2013）

　横浜美術館では、現在10,000点余りの収蔵作品を所蔵し、それらを順次公開するコレクション展を原則年間3回開催し、それと並行して、近現代を中心に、多様な美術作品を紹介する企画展を原則年間4回開催している（図2)。広々としたスペースと充実した設備を有する市民のアトリエ、子どものアトリエでは、さまざまな創作体験ができる講座やワークショップを行っている（図3）。さらに、美術情報センターは、100,000冊を超える美術書や雑誌を所蔵し、市民や研究者に無料で公開している。これまで、これら三つの機能を

連携させて、展覧会に合わせたワークショップの開催や、出品作品の関連図書を紹介し、「みる」「つくる」「まなぶ」という重層的な美術体験の場を市民に提供することに努めてきた。

しかし、平成25年（2013）から始まった指定管理者制度第2期では、これまでの活動を更に発展させて、新たに「世界に開かれた美術館を目指して」という目標が掲げられた。

図3　子どものアトリエ、「親子のフリーゾーン」の活動

「世界に開かれた」とは、「国際都市横浜の美術館として海外にむけて新しい美術の魅力を発信する」という意味であると同時に、「すべての人に開かれた」という意味が託されている。「すべての人に開かれた美術館」という目標は、指定管理者制度第1期にバリアフリーの問題に取り組むなかで、年齢や障がいの有無、国籍などにかかわりなく誰もが楽しめる美術館を目指そうという、職員の中に自然と芽生えてきた意識に根ざしたものであった。

この目標を実現するために、逢坂恵理子館長の指揮のもとで、ここ数年さまざまな新しい取り組みがなされてきた。ここでは、特に「情報発信」と「市民協働」にかかわる幾つかの新しい取り組みについて紹介したい。

❶ 情報発信

（1）広報

世界に開かれた美術館を実現するためには、世界に向けて情報を発信する広報活動が重要である。横浜美術館では、長らく事業の担当部署がそれぞれの事業の広報を行っていた。例えば、展覧会の広報では、学芸員がプレスリリースやポスターやチラシを製作・発送し、テレビやラジオの取材に対応するというように。しかし、展覧会を準備しながらの広報活動には限界があり、ポスターやチラシの発送など必要最低限の対応にとどまっていた。しかし、数年前に広報に特化したチームを立ち上げ、情報発信の窓口を一元化することで、飛躍的に広報効果がアップするようになった。横浜美術館では、

図4　メディア懇談会

日本画・西洋画・現代美術など、多様なジャンルの美術を紹介する展覧会を開催しているが、展覧会の内容により、ターゲットとなる観客層が異なる。それぞれの観客層に影響力を持つ広報媒体に積極的に働きかけることが重要なのであるが、学芸員では多様な広報媒体への個別の働きかけまでは手がまわらない。広報チームを作り、広報に精通した職員を配置することによって、展覧会の内容に合わせた戦略を練り、時機を得たきめ細やかな広報活動ができるようになったのである。

　また、広報担当が固定化されたことで、新聞や雑誌の美術記者やテレビの美術番組製作者と安定した関係が築けるようになった。年に2回開催されるメディア懇談会（図4）では、美術記者やライター、テレビやラジオの芸術文化番組の担当者などを招き、その年に開催される展覧会やワークショップ、さまざまなイベントなど、美術館のトピックスについて説明をし、広報担当者だけでなく、学芸員やエデュケーターも出席して直接情報交換を行う。雑談の中から特集記事や番組の新しい企画アイデアが生まれることもあり、好評である。

（2）海外への発信

　横浜美術館では、これまでにもルーヴル美術館展やメトロポリタン美術館展などの名品展を開催するほか、企画展のための作品の借用、横浜美術館の所蔵作品の貸出、そして学芸員の研修や調査研究などを通して、多くの海外の美術館と交流をしてきた。しかし、さらに積極的に海外との交流を進め、横浜から発信するために、新たな取り組みが始められている。

　そのための最初の取り組みは、広報物をできるだけ多言語で表記することだった。ウェブサイトの基本情報を日英中韓の4ヵ国語で掲載し、展覧会の概要などは英文のページを設けるようにした。また、館内で配布する施設概要や展覧会のカタログ、館内の掲示物や配布物、展覧会の主要な解説は、で

きるだけ和英バイリンガルで掲示するよう努めている。

さらに、横浜美術館は、主要事業である展覧会でも意識的に世界に向けた「発信」をしようとしている。横浜美術館は、平成 23 年（2011）から「横浜トリエンナーレ」の主会場のひとつに位置づけられ、美術館の企画展のひとつとして主体的に取り

図5　横浜トリエンナーレ2014

組むようになった（図5）。現在、世界各地で 150 もの美術のビエンナーレまたはトリエンナーレ（2 年または 3 年おきに開催される国際展）が開催されている。国内でも、地域と結びついたさまざまな国際展が各地で開催されているが、横浜トリエンナーレはそれらに先行して開催されたものの一つである。世界各国の現代美術作家が出品し、美術の新しいメッセージが発信されるため、海外からの注目度も高い。横浜トリエンナーレに取り組むことによって、横浜美術館はその活動の領域を世界に向けてさらに広げることとなった。国際展にかかわる個人や団体が参加する会員制の組織「国際ビエンナーレ協会（International Biennale Association）」が平成 26 年（2014）に発足し、各国のビエンナーレやトリエンナーレの関係者が情報交換をする基盤作りが始まったが、逢坂恵理子館長がその理事に就任し、現代美術の国際舞台で横浜美術館が存在感を示している。トリエンナーレ開催中に限らず海外からの美術関係者が視察に訪れるようになり、美術館の館長やキュレーターと情報交換をする機会も増えた。その中には、横浜トリエンナーレだけでなく、横浜美術館の施設や収蔵作品、教育普及などの活動にも関心を持つ人も多かった。そこで築いた人間関係は、今後の活動の糧となるだろう。

その他の海外発信として、横浜美術館では、海外、特にアジア諸国の美術館との連携を深めることに力を注いでおり、横浜美術館コレクション展や自主企画展を海外で開催する事業に取り組もうとしている。2014 年には、横浜美術館コレクションによる映像作品展「イメージとイリュージョン：横浜美術館蔵ビデオ・インスタレーション作品展」をシンガポール美術館で

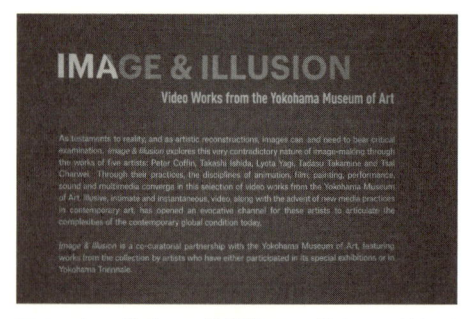

図6　シンガポール美術館での「イメージとイリュージョン：横浜美術館蔵ビデオ・インスタレーション作品展」告知版

開催した（平成26年〈2014〉10月3日〜平成27年〈2015〉2月8日）（図6）。これは、平成25年（2013）の春に横浜美術館で開催したシンガポール美術館のコレクションによる展覧会「Welcome to the Jungle 熱々！東南アジアの現代美術」との交換企画展として実現したものである。展覧会が実現に至るまでには、開催館の企画の方針や展示室の環境、スケジュールの問題、さらには輸送や設営にかかる経費の問題もあり、多くの調整を要したが、展覧会による二館の交流は、互いにそれぞれの美術館とそのコレクションに対する理解を深めるためにはとても意義深い展覧会であった。

2 市民とつながるプログラムの強化

次に、「すべての人に開かれた美術館」の実現のための取り組みについて、特に強化している「市民とつながるプログラム」を紹介したい。

(1) ボランティア活動

横浜美術館では、これまでにもさまざまな形でボランティア活動の試みを行ってきた。100人以上のボランティアが登録し、学芸員が主導して企画展の関連事業のサポートを中心に活動をしていた時期もあったが、長く継続することができず、その後しばらくは、美術情報センターと子どものアトリエの活動のみが続いている状態だった。しかし、平成25年（2013）度から、教育プロジェクトチームが発足し、来館者の鑑賞をサポートするボランティア活動が始まった。これまで横浜美術館の教育普及活動は、アトリエでの創作が中心であり、鑑賞教育については展覧会担当の学芸員が担っていた。学芸員によって鑑賞教育への関心のありかたが異なり、多忙な業務の中で鑑賞教育のためのツールの作成やトークやワークショップの方法などは、学芸員個人の力量に任されていた。そのため、来場者に一貫したサービスを提供

することが難しく、小中学校と連携した鑑賞教育を継続的に行うことや、長期的なプログラムを展開することができなかった。鑑賞教育に特化したチームを作り教育普及専門の学芸員（エデュケーター）を配置して、これらの問題が解決されつつある。特に、鑑賞にかかわるボランティア活動が可能となり、今年度は約50人が登録した。ボランティアによる鑑賞活動は始動したばかりで、方向性を模索中の段階ではあるが、ここでは近年取り組んでいる「視覚障がい者の鑑賞支援」と「展示解説ボランティア」の活動について紹介したい。

（2）視覚障がい者の鑑賞支援

　横浜美術館では、指定管理者制度第1期から、障がい者の美術鑑賞に取り組んできた。特に力を入れてきたのが、視覚障がい者の鑑賞支援である。美術は視覚芸術であるため、視覚に障がいのある方々にとって美術館は遠い場所に感じられるようである。しかし、さまざまなリサーチを経て、視覚障がい者の中には、視力を失う前は美術館によく足を運んでいた方や、自身の創作活動などから鑑賞への関心が高い方々がおり、美術鑑賞のニーズが高いことがわかった。障がい者と晴眼者が作品を前にして作品について語り合うことによって、晴

図7　「視覚に障がいのある人とない人がともに楽しむ美術鑑賞」鑑賞パートナー

眼者自身の鑑賞体験も深まり、お互いに楽しむことができる点に着目し、「視覚に障がいのある人とない人がともに楽しむ美術鑑賞」のプログラムを展開している(図7)。障がい者とともにギャラリーをまわって作品を鑑賞するパートナーとして、ボランティアに活躍していただいている。パートナーには、作品に対する知識と視覚障がい者に対する理解も必要とされるが、事前の研修を教育プロジェクトチームが担うことによって、それが可能になっている。

（3）展示解説ボランティア

　展覧会の展示の解説をボランティア活動の主軸に置いている美術館・博物

館は多いが、当館では、これまで行われてこなかった。3ヵ月ごとに展示が変わる展覧会の内容を理解し、作品や作者について来場者に向けて適切な解説ができるようになるまでには、かなりの研修が必要となる。学芸員にとって展覧会の準備をしながらボランティアの指導をすることの負担が重く、なかなか実現することができないという事情があった。その一方で、解説を聞きたいという来館者の要望も多く、ギャラリートークと団体向けの事前レクチャーを学芸員が担ってきた。しかし、教育プロジェクトチームが発足したことを契機に、ボランティアが展覧会の見どころを紹介する15分程度の事前レクチャー「展覧会・ココが見どころ」が始められた。それは、来館者の鑑賞の質を高めるための市民力の活用であると同時に、解説者を育てる教育活動でもある。展覧会の趣旨や構成に対する理解、作品や作家についての知識や鑑賞のポイントの把握、大勢の前で語る時の言葉の選び方や論の展開、発声の方法などについて学んでもらうことになる。展覧会の内容について担当学芸員が2回に分けてレクチャーをした後、個々が関心のある作品数点を選び、教育プロジェクトチームのエデュケーターの指導のもとで原稿を作成し、リハーサルを経て本番に臨む。レクチャーは、土日を中心にグランドギャラリーで行われ、30席ほどある客席は毎回満席となった。熱心に勉強をして、原稿を書き、本番に臨むため、来場者の満足度はとても高い。参加者からは「見どころがわかって、展覧会を見るのが数倍楽しくなった」「参考になった」という声を聞くことができた。今後は、主に自主企画展において、このような事前の解説を行うことを考えている。

❸ ファンドレイズと市民協働

横浜美術館では、市民や企業からの資金面でのサポートを受け、支援者とともに美術館の活動を充実させてゆく試みも行っている。これらの新しい活動を推進しているのは、広報・渉外チームである。海外の美術館のメンバーシップ・クラブなどの事情に詳しい職員を配置して、プログラムの整備を進めている。

(1) コレクション・フレンズ
横浜美術館は、所蔵する10,000点以上の作品を、年3回のコレクション展

で順次公開しつつ、後世に伝える使命を担っている。

　収蔵作品を良好な状態で保存し、それを活用してゆくためには、多くの費用が必要である。作品の保存のためには、収蔵庫の24時間空調をはじめ、作品の点検や保存のための備品の補充、必要に応じた修復や燻蒸、など

図8　コレクション・フレンズのパネル

に経費がかかる。大型作品を移動するには作業員も頼まねばならない。また、コレクションで展示活用するには、解説パネルやキャプションなどのサイン類の作成、会場の施工、ケースや展示台、補助具の用意、そして展示作業員のために経費がかかる。さらに大きな彫刻を移動するためには、専用の什器も必要となる。

　この、コレクションの保存・修復・展示の活動に対して、市民が資金的支援をする枠組が、個人参加型芸術支援プログラム「コレクション・フレンズ」である。一口10,000円の参加費で「横浜美術館コレクション・フレンズ」の会員となると、会員向けの様々な特典を受けることができるというシステムである。このプログラムが始められて今年で4年目であり、まだ試行錯誤しながら運営をしている状況であるが、ここ数年は、150口前後の支援が集まっている。匿名での支援の方を除いて支援者のお名前を会場とホームページに掲出している（図8）。支援金は、コレクションの保存と活用のために使われる。これまでに、作品の修復、低反射ガラス付額縁の購入、キャプションの大型化、コレクション展の入り口標題パネルの作成、映像作品上映ブースの施工などのために使われた。

　このプログラムは、ファンドレイズだけを目的としているのではく、市民に収蔵作品の魅力を知ってもらうこと、作品を鑑賞する楽しさを知り、美術館の活動を理解してもらうことも大きな目的としている。

　美術館がコレクションを持つ意味は、市民が共有財産として美術作品を持ち、美術鑑賞を身近に楽しむことで、豊かな市民生活を送ることができるという点にある。しかし、現実には、美術館に足を運んだことがないという人も多く、また、美術館の来館者の中にも、企画展だけを見て、コレクション

展は素通りという人も少なくない。コレクション・フレンズでは、まず、コレクションを知り、関心を持ってもらうために、毎年コレクションの顔として、収蔵品の中からフレンズのテーマ作品を7、8点選んでいる。そして、学芸員がそれらを解説するギャラリートークが会員向けに年に4回開催される。1回のトークで取り上げる作品は2、3点に絞り、通常のギャラリートークよりも詳しく掘り下げた解説をする。トークの方法はそれぞれの学芸員に任されているが、学術的な説明だけでなく、参加者と一緒に鑑賞を楽しむようなスタンスでのぞみたいと考えている。おのずと担当する学芸員の人間性がトークに滲み出てくるらしく、回を重ねてギャラリートークに参加している会員からは、いろいろな学芸員の顔がわかって面白いとの声が聞かれる。親密な鑑賞環境を作れるよう20～25人の定員制とし、参加者の都合を考えて同じ内容で曜日を変えて2度行っている。会場内では学芸員の声がよく聞こえるように参加者にはインカムをつけていただくのだが、それも特別感があり、より解説者に親近感をもてると好評である。ギャラリートーク終了後には、学芸員や他の会員と、お茶を飲みながら作品や展示についてのおしゃべりを楽しむ場を設けている。その場で出会った会員同士の会話も弾み、作品鑑賞や美術館の楽しみ方の幅を広げる場になっているのではないかと思われる。学芸員にとっても、市民の方から直接、美術館や展示についての感想や意見をうかがう貴重な機会になっている。

　また、美術館のコレクションにかかわる仕事に理解をもってもらうために、全会員向けにレクチャー&交流会を年2回開催している。このレクチャーは、学芸員が、作品の収集や保存、展示など美術館の舞台裏の仕事について話をする1時間程度のものである（図9）。美術館の活動として、一般の人の目に触れるのは、専ら華やかな展覧会の部分であり、その裏でどのような作業が行われているのかは知られていない。コレクションへの支援を市民に続けてもらうためには、保存や展示などが具体的にどのようなことなのか、なぜそれが必要なのか、経費はどれくらいかかるのかを知ってもらうことが重要である。これまでに、作品の修復、燻蒸、輸送、展示、国家補償などをテーマにしてきた。このような舞台裏の話しに興味を持つ人は多く、毎回60人程度の参加がある。レクチャーの後の交流会は、軽食と飲み物を楽しみながら、会員同士で、あるいは美術館の職員と歓談する場となっている。華やいだ雰囲気の中で、美術について語り合うひと時を楽しみに毎回参加される方も多い。

フレンズの会員の方からは、前よりも横浜美術館のコレクションを身近に感じるようになったという感想をうかがった。実際に会費を支払って支援することで、作品に対する気持ちも違ってくるのだという。学芸員の立場としても、コレクションを支援する市民の存在を身近に感じられ

図9　コレクション・フレンズ　レクチャーの様子

ることはとても励みになる。コレクションは美術館の柱であるにもかかわらず、ともすると華やかな企画展の影になって、その存在が忘れられかねない。フレンズの会員との交流は、我々学芸員自身がコレクションの重要性や魅力を再認識する機会にもなっている。

（2）Heart to Art（企業連携）

　美術館の活動を市民が支援するも枠組みの一つとしてとして、企業からの協賛を受けて事業を展開する活動「HEART TO ART」についても紹介しておきたい。

　美術館事業への企業協賛の多くは、特別展で広く行われている。海外から名品を借用する展覧会では、膨大な事業費がかかるため企業からの協賛を得ることは展覧会の成否の決めてともなる。企業側でも、大量に配布される展覧会のチラシやポスター、ホームページに企業名が入ることでイメージアップと広報効果が得られるほか、顧客のための特別内覧会を開催できるなどのメリットがある。一方、法人サポーターあるいは賛助会員の制度を設けて、企業や法人から美術館の活動全般への協賛を募っている美術館もある。その対価として、コレクション展や企画展の無料鑑賞券の提供や、ホールやロビーの貸し出しなどの特典を提示している場合が多い。

　横浜美術館の「HEART TO ART」は、資金提供だけにとどまらず、各企業の独自性と美術館のコンテンツの融合によって、新しい芸術の可能性を見出すことを目指している。今年で7年目であるが、これまで試行錯誤をしつつ、さまざまな活動を展開してきた。ここ数年は、主に「親子のアトリエ

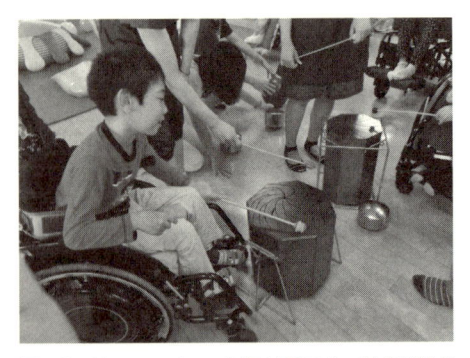

図10　Heart to Art　お届け子アト（神奈川県立こども医療センターへのアウトリーチの様子）

フリーゾーン」や「子どものアトリエ　アウトリーチ・プロジェクト（お届け子アト）」を実施している。また、昨年度は出張プログラム「神奈川県立こども医療センターへのアウトリーチ」を行い、美術館に行く機会のない長期入院児童に美術の楽しさを体験してもらった。重症心身障害児施設の子供たちにも子どものアトリエがこれまでに培ったノウハウを生かして、アートの楽しさを味わってもらうことができた（図10）。CSRの一環として「地域の子どもたちのために」という活動を展開している企業では、「横浜美術館連携プログラム」をその主要な活動の一つに挙げている。企業のポリシーが当館のプログラムと一致し、広報としての協賛とは一線を画する取り組みになっている。

結び

最初に私が「世界に開かれた美術館を目指して」というフレーズを耳にした時には、いささか大仰で現実味が乏しいものに思われた。しかし、それまでの方法や体制を少し変えることで、少しずつ、実現の可能性が感じられるようになった。つまり、それまでは、「みる」「つくる」「まなぶ」という設立当初以来の三つの活動を枠組みとして従って、学芸員・アトリエ指導員・司書という専門職員とその他の事務系職員の二つの職制で組織が考えられていた。しかし、広報・渉外チーム、鑑賞教育チームを作り、専門家を配置することで、情報発進と市民参加の活動は、広がりのある充実した内容へと進化した。また、学芸員も広報やボランティアの取りまとめなどの仕事から解放され、調査・研究や展覧会の仕事に専念できるようになった。組織の枠組みの再編成と専門人材の配置によって、大きな目標に向かってステップアップすることができたと感じられる。これからの美術館では、学芸員やエデュケーターだけでなく、事務系職員も、美術館運営の専門家であること

が求められる。施設管理担当者は展示室や収蔵庫の環境、バリアフリーの問題、来館者サービスにについて詳しい知識と理解が必要であり、経理担当者は、多くの来場者を迎えるメディアとの共催展や、複数の美術館と共同企画し、実行委員会を組織する形式の展覧会、そして小規模な自主企画展など、さまざまなタイプの展覧会の契約や予算管理に精通していることが求められる。さらに、庶務担当者は、政策協働型指定管理を実施するなかで、行政とのパイプ役を担い、目標に向って美術館を運営していくために、各専門部署の業務を正しく理解する必要がある。

　すべての職員が美術館運営の専門家としてプロフェッショナルな意識とスキルを持つことにより、「世界に開かれた美術館」の実現に一歩ずつ近づいてゆくことができるのではないかと考えている。

陸軍登戸研究所の実相みつめて
―明治大学平和教育登戸研究所資料館設置の意義―

展示専門部会委員　　　学芸員
渡辺賢二　　　塚本百合子

はじめに

図1　資料館外観。登戸研究所の研究施設をそのまま利用している。

　明治大学平和教育登戸研究所資料館が開設されたのは平成22年（2010）4月である（図1）。以来、4年余が過ぎた。この間、4万人（平成27年〈2015〉3月）近くの参観者を迎え、とりわけ中学生や高校生の見学者も増加している。小稿ではどのような経緯をへて、歴史に埋もれていた登戸研究所の姿が明らかになってきたのかをまとめながら明治大学平和教育登戸研究所資料館設置の意義を述べてみたい。

1　なぜ、歴史に埋もれていたのか

（1）秘密兵器研究への傾斜と登戸研究所の設置

　登戸研究所の母体は勅令第110号により大正8年（1919）に設置された陸軍科学研究所である。この中で登戸研究所との関係で重要なことは電波兵器の開発・研究である。多田礼吉は昭和11年（1936）に陸軍科学研究所所長となり、強力電波発生の研究推進を図る。ところが、東京新宿にあった研究所では室内では可能だが屋外での実験は困難であった。そこで実験場をほかに求める必要性が生じてきた。昭和6年（1931）にブラジル移民の人達を指

導するために設立された日本高等拓殖学校跡地を買収し、登戸実験場が設置されたのである。登戸実験場と名付けられたのはこの場所に近い駅名が「小田急線稲田登戸」だったことからつけられたと考えられる。

　昭和14年（1939）8月、陸軍科学研究所令が勅令第534号で改正された。これにより出張所の設置が可能となり、これを受けて9月16日に陸軍科学研究所登戸出張所が設置されることとなった。

　業務は「1、特殊電波の研究に関する事項、2、特殊科学材料の研究に関する事項」とされた。初代の登戸実験場ならびに出張所長となったのは電波兵器を研究していた草場季喜であった。そして業務内容2の特殊科学材料の研究を担当したのが陸軍科学研究所第2部秘密戦資材研究室の研究主任の篠田鐐であった。ここでいう秘密戦とは防諜・諜報・謀略・宣伝をさす。

　昭和16年（1941）6月13日に勅令第696号が発せられ、陸軍のすべての兵器・器財の基礎と応用・製造を一元化することがめざされた。そこで陸軍科学研究所登戸出張所も陸軍技術本部第九研究所となった。そして篠田鐐が初代の所長となった。なお、改正にともない陸軍技術本部分掌規定（陸達第41号）が出されたが、第九研究所については記述されていない。その理由は「陸軍科学研究所登戸出張所は第九研究所となったが、同所の主要な業務が極秘兵器、資材等に関する調査研究、考案、設計、試験等で、秘匿を要するものであったから、業務分掌規定から除かれている」（『陸軍兵器行政機関の編制・機能史料集』防衛研究所戦史室、1986年）からであった。この頃から登戸研究所は第1科は物理的な兵器、第2科は秘密戦用の兵器とりわけ生物・化学兵器、第3科は経済戦用の印刷兵器とりわけ中国での偽造紙幣などの研究・開発・製造を開始しているのである。

　さらに昭和17年（1942）には勅令第678号で陸軍技術研究所令が発せられた。これは日中戦争が泥沼化し、アジア太平洋戦争に突入する中で兵器生産の再編成を目的とするものであった。この再編で登戸研究所は陸軍第九技術研究所になったはずである。しかし、その時に発せられた陸軍技術研究所令にそれは記述されていない。

　陸軍の情報がすべて極秘事項なのにこの登戸研究所は陸軍の正式な文書からさえ、消されていたのである。

（2）口を閉ざした勤務員達

戦後、登戸研究所については、ジャーナリストによる報道などはあるものの実証的な研究は存在しなかった。その理由は先に述べたように歴史から消されていたために第一次史料がなかなか見つからなかったからである。しかし、それだけの理由ではなかった。

図2　2013年に行った元登戸研究所勤務者証言会

それは登戸研究所に勤務していた人は多数いたにもかかわらず、戦後も長い間、口を閉ざしていたからである。さらに登戸研究所のあった近くに住む人々さえ、そこに疑問をもち、調べる取り組みをすることはなかった。その理由は戦前の治安維持法や軍機保護法体制下で国民が「見ざる」「聞かざる」「言わざる」のようにされてきたことが背景にあった。明治大学平和教育登戸研究所資料館が設置されてから毎年、当時登戸研究所に勤務していた方々からの聞き取り調査を公開の場でおこなっている（図2）。

昨年の取り組みで第3科に勤めていた方が「資料館の展示を見て、話してもいいとわかった」と語った。そして「70年間沈黙していたが、やっと話すことができてホッとした」という。このことは、戦争期の研究、とりわけこうした秘密を抱え込んだ内容を明らかにするには、オーラルヒストリーの手法が有効であると考える。しかし、それも簡単ではない。結果的にいえることだが、体験者はいろいろなマインドコントロールにかけられ、あるいはいろいろなトラウマに悩まされている可能性があるということである。聞き手の側もとりわけ同世代の場合にはいろいろな予見を以て接することが多い。それでは事実を明らかにすることはできにくい。長い時間をかけ、人間関係をつくりながら体験者が語り出すのを待つことが大切である。未来を創る若い世代が事実で検証することを第一義的な目標として聞き取ることが求められる。

◆2　市民・高校生が調べた登戸研究所

（1）市民と高校生が調べはじめた

昭和61年（1986）から市民企画による川崎市中原平和教育学級が開設された。その企画委員会（市民・高校生・教師・市民館職員）の場に「登戸研究所を調べること」が提案された。昭和62年（1987）度には本格的に調べようということになり、現在の明治大学生田キャンパスの見学会を行った

図3　明治大学生田キャンパス内で登戸研究所の調査を行う高校生たち（木下健蔵氏 撮影）

（図3）。まだ登戸研究所当時の木造建物も数多く残っており、明治大学農学部がその施設を使用していることがわかった。その中には「動物慰霊碑」や「神社」があり、農学部が動物慰霊祭や収穫感謝祭に活用していることがわかった。そうした偶然が登戸研究所遺跡を今日に残す原点だったのである。しかし、明治大学内で登戸研究所について知っている人はいなかった。そこで、防衛庁（当時）の図書室、国会図書館など第一次史料を持っていると考えられるところを調べてみた。どこにも史料はなかった。

　行き詰まりを打開したのは市民や高校生の感覚だった。「いっぱい建物があるから、この近くから働きに来ていた人もたくさんいるに違いない」というのである。何度か新聞に掲載してもらって見学会を催したら一人の高齢の男性が参加してくれた。聞くと登戸研究所に勤務していたという。この人との出会いがなかったら登戸研究所は埋もれたままだった。「動物慰霊碑」前のことだったので「この碑を知っていますか」と聞くと全く知らないという。「他の科のことは知らないよ」と当たり前のように語る。

　「ここに勤めていた人との交流がありますか」と聞くとやっと最近になって会話するようになり登研会（勤務していた人の会）を結成したという。その会の人達から聞き取りを申し出ると当時は断られてしまった。

（2）『雑書綴』の示したもの

　川崎市中原平和教育学級企画委員会は、市民的な感覚で、登研会に所属し川崎市内に在住していた99人にアンケートをすることとした。川崎市教育委員会の承諾を得て、その名前でアンケートを出した。戦後40年も過ぎた

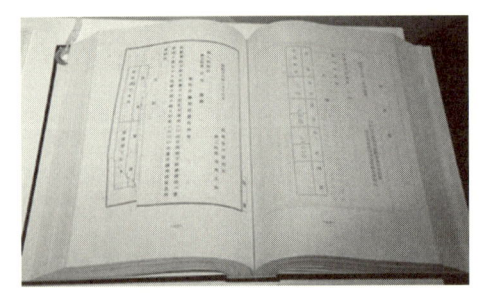

図4 『雑書綴』複製

が秘密を保持し続けて来た人達から果たしてどれだけ返事が来るか心配したが、27人の方から返事が届いた。その中に聞き取りを断る人もいたが、ある女性から「私はタイピストをしておりましたので、今でも部厚い当時の資料を持っており、年金受給者に証明書となるものをさしあげております」と書かれている返事がきた。どこにも史料がなく、敗戦時に証拠書類を焼却していたと聞いていたので驚きつつ訪問したら165点にのぼる部厚い書類の綴りであった。

当時のタイプは紙と紙の間にカーボン紙を挟んで打つもので、1枚目は紙の裏面から刻字され、2枚目の文書を正本としたという。この史料によって今までわからなかった登戸研究所像とりわけ第2科の実像に迫ることが可能になったのである。

どうして『雑書綴』を持ち出すことができたのであろうか。敗戦の日に陸軍軍事課は登戸研究所など「特殊研究」を行っていた機関に対して証拠隠滅命令を発しており、実際に総出で書類や偽札などの焼却処分を連日おこなっていた。それにもかかわらずこの資料は残ったのである。その理由は、タイピストとして雇われた女性にとって五年間その上達ぶりを確認することができるこの文書綴は宝物だったからである。そうした偶然がこれまた登戸研究所の姿を後世に伝える物となった。今、明治大学平和教育登戸研究所資料館の第三展示室にコピーされた『雑書綴』が展示されている（図4）。また、川崎市中原平和教育学級編『私の街から戦争が見えた…謀略秘密基地登戸研究所の謎を追う』（教育史料出版会、1989年）にはこうした経過が詳述されている。

（3）高校生の取り組みの意義と特徴

川崎にある法政二高平和研究会の生徒達は、昭和63年（1988）の文化祭では核兵器の研究を行って展示した。翌平成元年度（1989）は「A兵器は研究したのでB, C兵器をやりたい」と考えていた時に川崎市中原平和教育学級のことを知ったのである。早速、『雑書綴』を調べたり、登戸研究所に勤めていた人達からの聞き取りなどを開始した。

ちょうど同じ平成元年（1989）4月に長野県駒ヶ根市の赤穂高校平和ゼミナールが登戸研究所を調べだしていた。昭和20年（1945）にこの地に登戸研究所が疎開してきて、国民学校や民家などを接収し、工場として使用していたからである。しかし、登戸研究所とは何か、地域の人もほとんど知らなかった。

図5　濾過筒を手にする伴繁雄氏（木下健蔵氏撮影）

ただ、民家からは、当時使用していたと思われるフラスコなどの器財や「登戸研究所」と刻印が押された本などが見つかった。さらに、登戸研究所の所員がそのまま戦後をここで過ごしていることも知った。そこでＳさんを訪ねてみると登戸研究所のことは全く話してくれないことに驚く。そこであきらめないのが高校生のエネルギーであった。カボチャづくりの名人であったＳさんのところには「カボチャつくり」の話を聞くということで何度も通った。そうしているうちにしっかり人間関係ができて次第に登戸研究所で自分がやっていた毒物研究のことなどを語りはじめた。「もう大人にはしゃべりたくない。君たち高校生には話そう」といって伝えてくれたことが高校生には大変な感動とともに責任の重さを感じさせることとなった。こうした所員からの聞き取りは第２科の中心であった伴繁雄や北沢隆次にも及んだ。お二人とも今まで口を閉ざしていた登戸研究所について高校生に語りはじめたのである。

　川崎市中原平和教育学級のことがテレビニュースで報道されたことがきっかけで、赤穂高校平和ゼミナールの生徒から法政二高平和研究会に交流がはじまった。交流会は駒ヶ根市や川崎市でおこなわれそれぞれフィルドワークなども実施され意見交流された。

　その中で濾過筒が赤穂高校平和ゼミナールから法政二高平和研究会へ渡されたことを考えてみたい。実は濾過筒とは駒ヶ根市の伴繁雄宅にあったものである。伴が高校生に「これは石井式濾過筒だ。調べてご覧」といって提供したものであった。科学者に鑑定を依頼したとろ「軍事秘密」と書かれていることもあり、石井四郎が管轄していた石井式濾過機の濾過筒だと判明した。

高校生達は濾過筒を製作した会社の一つ、横浜にある日本濾水機株式会社を調べ訪問した。社長は「君たち高校生が来たのは進駐軍以来だ」といって迎えてくれ、濾過筒を開発したのは軍事兵器としてではなく、災害などの時の水を濾過するためだったことを説明し、石井四郎が軍事兵器に転用したことを話してくれた。
　そこから、高校生は技術は災害でも役立つものだが戦争にはいると兵器に転用される怖さを知り、科学の平和利用の重要性を認識した。こうした内容が明治大学平和教育登戸研究所資料館第五展示室の内容に反映されている。さらに、高校生の取り組みの内容は『高校生が追う陸軍登戸研究所』（長野・赤穂高校平和ゼミナール、神奈川・法政二高平和研究会、教育史料出版会、1991年）に詳述されている。

❸ 登戸研究所に勤務していた人達の伝えたかったこと

（1）登研会の結成と「登戸研究所跡碑」の建立

　登戸研究所の史実が明らかになる上で、勤務していた人達が証言し、資料を提供してくれたことが大きな意味を持っていた。しかし、登戸研究所自体が歴史から消された存在であったため、勤務していた人達は長く沈黙を守っていたのである。そうした沈黙から解放されるに至った経過を見てみたい。
　登戸研究所に勤務した人で戦後も周辺に住んでいた人は多かった。しかし、登戸研究所については家族にも語らず、お互いに会っても挨拶をする程度であった。それが戦後30年を過ぎた頃から、お互いが登戸研究所でやっていたことなどを語り合うようになった。そして、昭和57年（1982）に勤務していた人の会として登研会をつくる動きとなった。そして有志が呼びかけて3月に発足の会を催したのである。箱根で開催された第1回登研会には70人が参加し、失われた青春時代の想いが話されたという。第2回登研会は昭和59年（1984）に、第3回登研会は昭和61年（1986）に開かれたがそこで、自分

図6　登戸研究所跡碑

たちが青春時代を過ごした思い出の地である登戸研究所跡に碑を建立しようということになった。そして昭和 63 年（1988）3 月に開かれた第 4 回登研会に三つの碑文の案が提起された。その中で、
　　「 過ぎし日は　この丘に立ち　めぐり逢う
　　　　　　　　　　旧陸軍登戸研究所　有志」
という、現在、弥心神社跡にある碑文が採用された。

（2）登研会のその後の動きと明治大学への要請

　登研会の人達は「国家のために尽くした」という側面とともに伴が明らかにしたような「負の側面」もあわせて伝えていく方向になっていった。そうした経過も含めて、平成 17 年（2005）に登研会は明治大学に対して資料館設置の要請を行った。これに対して明治大学が資料館建設の方向性を決めたのである。

❹ 市民による登戸研究所保存運動と明治大学の資料館建設

（1）市民による保存運動

　川崎市民による登戸研究所の保存運動は 1990 年代から行われた。明治大学が本館（登戸研究所の本部）を解体する動きに対して川崎市に保存を求める請願がなされたのがそのはじまりであった。その後 21 世紀に入り、明治大学農学部が使用していた登戸研究所当時の建物は老朽化し、立て替えの時期に入っていた。次々と木造の建物が解体され、鉄筋の建物に変わっていたが、その中で木造の建物としては 26 号棟（登戸研究所当時偽造紙幣の倉庫として使用されていた）と 5 号棟（偽造紙幣の印刷をしていた）の 2 棟が残っていた。こうした建物の保存を求める市民運動が起こってきた。
　とりわけ、平成 18 年（2006）には旧陸軍登戸研究所の保存を求める川崎市民の会（その後、登戸研究所保存の会と改称）が結成され、木造建物の保存を求めて多くの署名を集め川崎市や明治大学に保存を求める運動が展開された。ちょうどその時期に明治大学は登戸研究所資料館の建設の方針を決定していたが、すでに木造建物を解体し、新しい鉄筋の建物をつくる計画を決定していた。川崎市議会などの議論では「文化財としての価値はある」と認めつつも所有権者である明治大学の意向を尊重するとした。保存の会では、定

例の見学会をおこない、新たな地域資料などをもとに粘り強く資料館を支える活動を展開している。

（2）明治大学平和教育登戸研究所資料館の設置へ

明治大学が登戸研究所の資料館を設置する動きは21世紀になって本格化した。そして平成18年（2006）から保存と活用のための検討委員会が設置され、36号棟という鉄筋の建物を資料館にすることが決められた。その建物は登戸研究所時代には生物化学兵器の研究・開発をおこなっていた場所であった。

資料館設置の具体的な準備は山田朗明治大学平和教育登戸研究所資料館長が中心となり、山田ゼミの大学院生らが参加し精力的におこなわれた。戦争遺跡をそのまま活用し、その場で戦争を考える資料館というのは全国に類例がないもので苦労は多かった。こうした努力の結晶で平成22年（2010）3月29日に開館式典が挙行された。その設立趣旨の中で、大学として登戸研究所遺跡を保存活用して「歴史教育・平和教育・科学教育の発信地」にすると位置づけた意義は大変大きいと考える。さらに「地域社会との連携の場」にするとしている点も画期的なものである。

⑤ 大学・地域社会との連携の場としての取り組み

平成26年度(2014)より明治大学で開設されている授業「登戸探求プロジェクト」内で、大学生と地域の小学生、当館学芸員が共に登戸研究所について探求を行う活動を行っている。

図7　登戸探求プロジェクトの様子

10代20代の当館に対する興味関心を引き出す手法、小学生に登戸研究所を伝える手法を当館では模索中であったため、この授業に参加することは大きな意味合いがあった。

学芸員が登戸研究所を伝えようとするとき、自分の知識すべてを説明しようとして、小学生を退屈

させてしまうことがあった。しかし、大学生のフィルターを通して大学生の口から登戸研究所が小学生に語られたとき、小学生たちの理解が格段にあがり、彼らの登戸研究所に対する興味関心が引き出され始めた。

　学芸員という立場から、専門的な知識を伝えることも必要だが、そこからワンクッションを置いて、年齢が近く共有する背景が多い関係性（このケースだと大学生から小学生）の中で語り継がれる意味合いの大きさを感じた。大学生ならではのユニークな表現は、こちらも学ぶことが多かった。

　このような活動は、大学に位置する資料館の強みでもある。今後もこの利点を活かし、当館が大学・地域社会の連携の場として、より一層活用されるよう手法を模索していく。

第Ⅱ部

未来に向けて、わが館は

JICA 横浜 海外移住資料館

◆日系社会の拠点としての情報発信

　横浜は戦前から多くの移住者を送出した地であり、海外移住の拠点となってきたことから、平成14年（2002）のJICA横浜国際センター開設に併せて当館が設置されました。日本人の海外移住の歴史の紹介や世界の日系社会に関する資料収集・情報提供などを通じた知識普及を行うことを目的としています。

　開館10周年を迎えた平成24年（2012）には、これからの10年を見据えて記念シンポジウムを開催し、海外日系博物館（ハワイ、ロサンゼルス、サンパウロなど）等との連携を強化していく方向性が示されました。また、併せて、国内の関連施設や広島県、沖縄県をはじめとする移民送出県、神奈川県、横浜市などの自治体や近隣博物館との連携も促進していくことを掲げています。

　当館はJICAの資料館という位置づけにとどまらず、日系社会の財産であり、移住者・日系人のアイデンティティを確認する場でもあります。日系社会の拠点としての機能を拡充させ、国内外の地域と一体となって情報発信を行っていきます。

デジタル移住スペース：コンピュータ端末で移住先の基本情報や各種データなどが自由に閲覧できます。

岩崎博物館（ゲーテ座記念）

◆地域に根ざした文化史の継承を担う

　当館は昭和2年（1927）に設立された学校法人岩崎学園・横浜洋裁専門女学院（現・横浜fカレッジ）の創立50周年記念事業の一環として昭和55年（1980）に建てられました。開港の地である横浜の近代化、洋装の普及といった、私たちにも馴染みの深い歴史の一端を、ともに歩みながら紹介しています。ギャラリーでは、地元・横浜の作家にこだわりながら、絵画・彫刻・テキスタイルと、多彩なジャンルの企画展を開催しています。

　また併設のホールは、我が国初の西洋劇場「ゲーテ座」跡地（関東大震災によって焼失）に建つことから、山手ゲーテ座という名前を冠し、長らく市民のみなさまにご愛用していただいております。近年は、地元アーティストらにご協力いただき、乳幼児を対象としたワークショップの開催に力を入れています。

　かつてのゲーテ座が、遠い異国の地で無聊を託っていた西洋人達の、交流の場としてあったように、地域に根ざした文化継承・発信の場として邁進していく所存です。

開港期のゲーテ座を偲ばせる外観（まちなみ景観賞を受賞）

第2部　未来に向けて、わが館は

馬の博物館

◆変化する家畜の利用

　馬の博物館は、日本で最初の本格的な洋式競馬場の跡地にあります。そこで、馬と人との文化的なかかわりを示す資料の収集・保存と展示を行う活動を行ってきました。つい最近まで、輸送・農耕などは馬を使用するのが当然でしたし、さまざまな美術品等のデザインにも利用されてきました。それが、国内での生産は1950年代から減少を続け、現在の年間生産数は7,000頭弱になっています。その中で、馬を利用する分野も変化しています。もっとも使用数の高いのは、競馬・乗馬クラブなどスポーツ関係施設ですが、アニマルテラピーの研究が進められたこと、皮革・被毛・油脂などが天然素材として注目されるようになったことなど、馬との関係は少しずつ深化しているようです。今までどおり馬の文化を調査・研究、そして普及していくのはもちろんですが、変化していく人とのかかわりについても情報収集を推進し、多くの方々へお知らせする必要性も感じています。

在来馬「野間馬ミカン号」

大佛次郎記念館

◆幅広い世代の人たちが「大佛次郎」と出会える文学館をめざして

　平成26年（2014）4月より「横浜市民の読書活動の推進に関する条例」が施行されました。大佛次郎記念館では、子どもたちの読書活動の推進に寄与するため、大佛が、本に対する思いや読書の大切さを記した随筆や、昭和21年（1946）に発表した童話『スイッチョねこ』等を紹介しています。また、小学生対象にミニ・ビブリオバトル「大好きな本って どんな本？」を6月と11月に開催しました。本館では、若い世代と「大佛次郎」との出会いの場を工夫してつくることを大切にしています。そして、大佛が、関東大震災と戦争をくぐりぬけ常に時代に向き合いながら執筆した作品の力を、若い世代に伝える収組を重点的に進めていきます。約7万点の所蔵資料の整理・研究をすすめ、新鮮な切り口で公開・展示するとともに、山手・元町地区とつながり、建築物としての大佛次郎記念館の魅力も積極的に発信し、幅広い世代の人たちが「大佛次郎」と出会える文学館をめざしてまいります。

「大好きな本」をもって、大佛次郎記念館に集った子どもたち（第2回ミニ・ビブリオバトル）

神奈川県立神奈川近代文学館

◆「開かれた文学館」へ

　当館の使命は夏目漱石や中島敦など文豪から神奈川ゆかりの作家まで、その文学資料を大切に保存し、後世まで引きついでいくこと、同時に多彩な文学展や講演会、朗読会などのイベントを通じて、文学に触れる喜びを多くの方に発信し続けることにあります。

　保存した文学資料の公開も大きな役割のひとつで、例えばこれまで当館に寄贈された多数の漱石資料はすべて画像化されており気軽に閲覧室で見ていただけます。このデータは平成27年（2015）4月からネット上での公開が始まりました。中島敦資料もすべて画像化されており、今後も保存と公開を両立させる観点から画像アーカイブを益々充実させていきたいと考えています。一方で、教育現場との接点を持つために、館外に提供できる文学展パネルを制作しており、県内各校への貸出を活発に行っています。これらをさらに充実させ「開かれた文学館」の可能性を未来に向けて探っていきたいと思います。

画像アーカイブ「神奈川近代文学館夏目漱石デジタル文学館」メイン画面

神奈川県立金沢文庫

◆岐路に立つ「東国の正倉院」

　称名寺に保存されていた文化財をまるごと受けいれて発足した県立金沢文庫。昭和5年（1930）に開館してから、2万点におよぶ中世の文献資料が発見され、「東国の正倉院」とか「海東の小敦煌」などと呼ばれ、鎌倉の歴史を知るための比類のない宝庫として注目されてきました。平成元年（1989）に歴史博物館としての機能を拡充した新館が完成してからは、さまざまなテーマの展覧会を2ヵ月交替で開催し、累計130回に達しています。

　しかし四半世紀を過ぎて問題も顕在化しています。美術品を展示する展覧会なら多くの観覧者を呼ぶのですが、文字資料を並べた展示では人が集まりません。分かりやすく文献を展示しようと思えば、深い調査研究が欠かせませんが、職員が展覧会の準備に振り回されている状況では調査の時間がとれず、文化財の管理さえもままならないのです。外向けの仕事と内側の作業のバランスをめぐって、いま重大な岐路に直面しています。

称名寺側トンネルからの金沢文庫

神奈川県立公文書館

◆県の歩んだ記録を残すことが使命

　当館は、県史編纂で収集した膨大な古文書・私文書・行政文書類を前身である県立文化資料館から引き継ぐとともに、情報公開制度を補完する意味で、保存期間の満了した行政文書を県機関から引渡しを受け、歴史的に重要なものを選別し、歴史的公文書として公開しています。

　当館の特徴は、県機関で作成された行政文書をすべて引き渡してもらい、現物を見て確認したうえで選別することです。これにより、重要な文書を漏れなく確実に収集・保存することができます。

　このように、県の歴史を調べるに当たって頼りになる存在だと自負していますが、文書館という知名度の低さが悩みの種です。そのため、デジタルアーカイブの導入や展示、講座の開催などを通じて県民の皆様に存在をアピールしていますが、今後さらに内容の充実に努めていきたいと思います。見学も随時受け入れていますので、ご利用をお待ちしています。

歴史的公文書を保管している書庫の見学

神奈川県立地球市民かながわプラザ（あーすぷらざ）

◆地球で起きていることと、自分とのつながりを考える

　あーすぷらざの愛称で親しまれている当館は、私たちが地球に暮らす一員として、世界の文化や暮らしについての国際理解や平和、地球規模の課題について、日々の生活の中で考え、自分にできる身近なことから行動していくための総合的な施設です。JR根岸線本郷台駅前にあります。

　企画展として世界につながる様々なイベントを開催するほか、常設展示室があります。こどもの国際理解展示室では世界の生活や楽器を見て触れ、民族衣装の試着ができ、国際平和展示室では、空襲の映像や遺品の展示を見て平和について考えることができます。こどもファンタジー展示室では子供の五感を刺激する面白い仕掛けがいっぱい！巨大トランポリンに大興奮できます。映像ホールでは月に1～2回の上映会を実施。2F映像ライブラリーと情報フォーラムでは、図書の閲覧やDVD鑑賞ができます。貸出施設としては、大小の会議室から250人収容の大ホールまで、12施設を貸し出し、県民の方々の活動に活用していただいています。外国人相談や異文化交流をはじめ、世界を自分とつながりがあることとしてとらえられるような発行物、校外学習支援などを更に充実させていきます。

5Fこどもの国際理解展示室

神奈川県立歴史博物館

◆かながわ　現在・過去・未来

　神奈川県立歴史博物館は、神奈川県域の考古・歴史・美術・民俗を総合的に扱う人文系総合博物館です。昨今は県内各地域の活動がめざましく、広域自治体の存在意義が薄らいでいる印象があります。しかし、ある活動が地域内で完結することは少なく、地域の内と外が相互に交流しながら歴史や文化はつくられてきました。県内を貫く東海道は日本の東西を結び、中世の鎌倉や開港期の横浜は国際都市と考えることができます。ですから、当館は空間ばかりでなく時代や分野を横断して多面的にとらえることを基本方針としています。当館が活用する旧横浜正金銀行本店本館が日本国内の各地域、そして世界を結ぶ役割を果たした事実は、象徴的な事例です。その建築の重厚なたたずまい同様、当館のこれからの歩みがこれまでと大きく変わることはありません。これまで歴史を紡ぎ、これから歴史を語るモノたちを大切に守り、より魅力的に発信し続ける姿勢を堅持したいと思います。

神奈川県立歴史博物館　旧横浜正金銀行本店本館
（国指定重要文化財）

熊野郷土博物館

◆鎮守の杜でたしかに繋ぐ

　昭和25年（1950）9月、終戦後の混乱期のなかで郷土史に深い関心を寄せていた師岡熊野神社先代宮司石川武靖によって設立された当博物館は、宮司が収集した郷土資料、同社社宝等約二千点を所蔵しており、そのうち千点を常時展示しています。

　刀剣・古文書・土器など歴史的に貴重な資料が多いため、氏子のみならず、郷土史研究家・考古学クラブ・学生など多くの方が当館を訪れます。（要・電話予約：045-531-0150）

　時代の変遷とともに消えてゆく貴重な資料の多い現在、この博物館は、祖先達の生活・信仰を知る上で、重要な役割を果たしています。

　これからも鎮守の杜の中でひっそりと、でもたしかに輝き続ける施設で在り続けたいと思います。

展示室

三溪園

◆横浜の近代遺産を守り、伝える

　当園は、県内の博物館施設の中で最も古い明治39年（1906）に開園しました。重要文化財10棟を含め、全部で17棟の古い建造物が、庭園の中に巧みに配置され、当園創設者である原三溪の事績や所蔵品を紹介する記念館も園内の景観に調和しています。この庭園自体が、学術上・芸術上・観賞上優れていることから、国の名勝にも指定されています。100年以上前の姿を維持し、後世に伝えていくこと。このことが、現代志向で近未来を象徴する横浜にあって、貴重な文化遺産を守っていく姿を知らしめる役割を担っています。特に、当時の写真や資料から開園当初の様子を探って復元していくことは、改変甚だしい世の中で、時代に流されずに、古き佳きものを保存し守り伝えていくという、私たちの重要な責務となっています。それと共に、地域と連携したイベントや、季節毎の行事を大切にし、また、三溪が取り組んだ美術家支援を紹介する展覧会を行うなど、文化の継承に務めていきます。

三溪園　外苑：大池より三重塔を望む

シルク博物館

◆過去から現代・未来へと繋ぐ絹の道

　昭和34年（1959）3月に横浜開港100周年記念事業の一つとして開館した当館は、絹の科学・技術の理解や絹服飾の工芸美の鑑賞の場を提供するとともに、絹の需要促進を目的としています。

　繭からシルク製品になるまでを実感できる体験コーナーや、年間を通しての蚕（約15,000頭／年）の飼育展示、また、横浜とシルクをキーワードとして、横浜港を中心とした日本の絹の歴史等を紹介しています。毎年、約600の小学校などが蚕種（蚕の卵）配布事業に参加しており、この中から、横浜ばかりでなく、近隣地域からも多くの小学生が見学に訪れています。そこで、小学校とも連携し、未来を担う小学生等への情報発信力の一層の強化を図っていきたいと考えています。さらに、重要無形文化財保持者の作品をはじめ、様々な時代のすばらしい絹染織工芸品を多数所蔵していますので、開館60周年となる平成31年度を目途に、これらのデータベース化に向けての準備を進めていきたいと考えています。

小学生の見学風景

創価学会戸田平和記念館

◆横浜から平和の波を

　当館は大正11年（1922）に英国の貿易会社のオフィスとして建てられ、当時の外国人居留地の面影を伝える赤煉瓦の洋風建築です。また、関東大震災前の外国商館では、唯一現存する歴史的、文化的な建築物でもあります。

　ここ横浜は、創価学会第2代会長の戸田城聖（とだじょうせい）が、昭和32年（1957）9月8日、歴史的な「原水爆禁止宣言」を発表したことから、創価学会の平和運動の源流の地と言われています。

　当館は、この意義をふまえ、恒久平和への願いを込めて昭和54年（1979）に開設。現在は展示資料館として、港ヨコハマから世界に向けて、平和・文化・教育のメッセージを発信しています。これまで、「戦争体験者の証言による戦争展」「世界の子供とユニセフ展」など多彩な企画展示を開催し、平和学者ヨハン・ガルトゥング博士ら数多くの有識者も当館を訪れています。

　今後もこうした展示を通して、平和のネットワークを広げる活動を行っていきます。

創価学会戸田平和記念館

そごう美術館

◆生活文化の情報発信の拠点としての美術館

　そごう美術館は、そごう横浜店内という立地を活かし、横浜の新しい都市づくりのため生活文化や情報の発信基地として設置され、平成27年（2015）で開館30周年を迎えます。これを節目とし、これまで行ってきた国内外の優れた芸術を紹介する展覧会はもちろん、未来を担う子供たちに向けた企画にも力を入れ、地域の情操教育の一助となることを考えています。こうした基本方針を踏襲しつつ、今後は新たな取り組みとして、母体である百貨店の協力体制のもと、院展を中心とする現代作家展や、グループ店舗のある地域の文化を紹介する展示を計画しています。これにより当館が、横浜と様々な地域や時代の文化とを繋げる橋渡しとしての役割を持つことを目指します。

美術館エントランス

トイズクラブ ブリキのおもちゃ博物館

◆世代を越えた「発見」の場

　私たちの日常は日々発展し、生活環境も変化しています。今後、その変化はさらに加速していくのではないかと思います。

　現在のおもちゃや子どもの遊びも多様化し、携帯ゲームに代表されるデジタルコンテンツで遊ぶ子どもたちをよく目にするようになりました。

　そのデジタルコンテンツは多くの可能性を秘めており、更なる発展が期待されます。

　デジタル化されたおもちゃの対極にあるのが「ブリキのおもちゃ博物館」に展示しておりますアナログなおもちゃです。

　戦後、日本の代表的な輸出品のひとつとして、たくさんの外貨をもたらしたブリキのおもちゃ。リアルタイムで遊んだ方々には、懐かしいものが見つかるかも知れませんし、ブリキを全く知らず初めて見た方々には、おもちゃを通して日本の歴史を知ることにもなります。

　世代の違う方々に一緒にご覧いただける場で、おもちゃを通して会話が生まれ、歴史的発見に留まらず、新しい発見もしていただけるような充実した展示を目指します。

主に日本製ブリキのおもちゃを約3,000点展示

日本新聞博物館

◆新聞・ジャーナリズムの役割伝える

　当館は平成12年（2000）の開館以来、新聞前史となる江戸時代のかわら版から現在に至る新聞の歴史、新聞が作られ読者に届けられるまでの過程を展示するなど、新聞・ジャーナリズムが果たしてきた役割と意義を紹介してきました。平成27年（2015）に開館15年を迎え、施設の老朽化も目立ってきたことから、館のリニューアルを実施。今後とも、ジャーナリズムの意義や民主主義社会における新聞の役割を伝えるとともに、ネット時代の情報の見極め、新聞を通じた読解力やコミュニケーション力の育成にも力を入れていきます。

　「日刊新聞発祥の地」である横浜に居を構える当館は、これまで以上に、地域に貢献する博物館を目指します。横浜市内の小・中学校や生涯学習サークル、企業関係者などを対象とした教育活動や、「横浜と新聞」の歴史的関係を示す展示の設置にも取り組みます。

団体向けプログラムの「新聞教室」

日本郵船歴史博物館

◆「企業アーカイブと海運史資料の蓄積」を目指して

　日本郵船歴史博物館は、平成5年（1993）の開館以来、近代海運史と共に日本郵船に関する資料を展示・紹介する企業博物館として活動してきました。平成25年（2013）に開館20年を迎えた当館では、これまでの活動に加え、企業アーカイブを含む資料の調査研究や目録の公開、さらには資料を恒常的に蓄積できる収蔵環境の整備を進めています。

　こうして蓄積された情報を有機的に活用するため、社内的には社員教育・研究機能を担うソフトとしてフィードバックし、対外的にはウェブや広報誌、データベースとして公開を進めていきます。また、これら資料の活用場所をより一層広げていくため、地域の博物館、図書館、公文書館等の関連機関との連携をより深め、展示や普及活動を通じて一人でも多くの人たちに、日本郵船130年の歴史と日本海運史の躍動を理解してもらうべく、さらに「開かれた博物館」として未来に向けて新たな活動を展開していきたいと考えています。

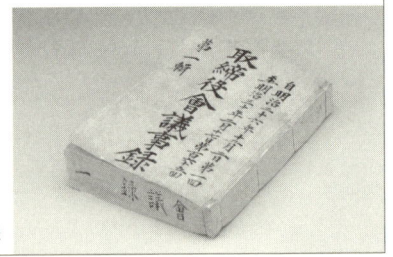

日本郵船株式会社の第1回取締役会議事録

はまぎん こども宇宙科学館

◆横浜ならではの科学館を目指し

　横浜こども科学館（愛称：はまぎん こども宇宙科学館）は2014年5月5日で開館30周年を迎え、横浜市が運営する唯一の科学館として、プラネタリウムや様々な展示、専門家によるトークイベントなどを通じて、子どもたちに科学や宇宙の不思議さや魅力を伝え、科学技術の理解増進と創造性豊かな子ども・青少年の育成に取り組んできました。

　当館の特徴としては、周辺地域との連携を図り、地域に根ざす活動が挙げられます。企画などに対し、市内小学校の先生方や地域自治会よりアドバイスやご協力をいただき、一体となり活動してまいりました。未来に向けて、引き続き地域に根ざした活動をしていくとともに、科学のこころとセンスを「見つける科学館」・子どもと家族、家庭と学校、科学と日常を「つなぐ科学館」・地域と学校と大人が力を合わせることでたくさんの人が「あつまる科学館」の3つをキーワードとして、横浜市・学校・地域と更なる協力を図り、より一層の連携を深め、横浜ならでは且つ、日本一の科学館を目指し志高く前進していきます。

はまぎん こども宇宙科学館前景

盤古堂考古資料展示室

◆街角の資料室として

「盤古堂考古資料展示室」は昭和60年（1985）12月の開設以来、平成27年（2015）現在まで30年以上にわたり細々ではあるものの展示室を維持してまいりました。年々しずつではありますが多少の展示替えも行ってまいりました。狭い展示室故、今後著しく展示内容が変化することは少ないでしょうが、街角の展示室を自認しつつ、私どもが発掘した考古資料をいち早くお見せできることをモットーとして、今後とも考古資料展示室を運営してまいりたいと思います。

今後はさらに、現在以上に各種同好会活動の場における講演活動等を充実させていきたいと思っております。さらには、友の会なども活動させることができればさらに良いことだと思っております。

われわれのとりくみも、今後は展示室にとらわれず各種刊行物や、ホームページ等においても積極的に新しい情報をお伝えしていくように努力をしていくつもりであります。

考古資料展示室内部展示風景

山手資料館

◆山手の歴史的文化遺産を継承

当館は昭和52年（1977）、古き良き横浜の姿をとどめる事を願い中区に現存した明治42年（1909）建造、和洋併設住宅（旧中澤邸）の洋館部分を移築保存活用し開館しました。平成18年（2006）、山手公開西洋館等、庭園のバラのボランティア育成の場とし「山手ばら学校」に参画、前庭を薔薇園として開園。官民連繋、熱意ある活動の積み重ね8年"花のみどころ"として成果をあげてきました。これらの努力が山手の歴史・文化・景観保全の継続、未来に繋がると願っています。

山手資料館薔薇園

横浜開港資料館

◆「近代横浜の記憶装置」として

　英語名称 Yokohama Archives of History が示すように、当館は横浜地域のアーカイブス、歴史資料保存公開機関です。地域と時代に関する記録を調査・収集・保存・公開・継承する「記憶装置」であり、資料の展示公開とともに、閲覧公開にも重きを置いています。例えば、外国人貿易商の研究をしたい、地元の石碑について調べたい、横浜発祥の西洋料理を再現したいなど、様々なニーズを持った方々が、必要とする資料に容易にアクセスできる機関であることをめざしています。そのために公開資料目録を整備し、資料の状態から原資料の公開ができないものは、複製を作成して対応し、専門職員が閲覧室でレファレンスを行っています。また、国際都市横浜の性格を反映し、外国公館や宣教師の文書など、外国語文献が多いことも特徴です。国籍や民族を超えて、横浜の近代に生きた人びとの記録を、現代と未来の人びとの手に届ける、それが当館の使命です。

生麦村の旧家の記録・関口日記と宣教医 J.C. ヘボンの書簡

横浜市技能文化会館匠プラザ

◆職人たちの技能と暮らしを伝える『匠プラザ』

　横浜開港とともに、衣食住全般にわたって外来文化が取り入れられ、横浜に集まった職人たちが創意工夫を重ねて技能文化を築きました。「匠プラザ」は当時の職人たちの技能と暮らしを知ることができる道具類の常設展示のある多目的スペースです。

　匠プラザでは、横浜の技能職者が使っていた道具をそのままの姿でご覧いただくことができます。たくさんの道具が展示されていますが、一つの道具だけでもこんなに種類があるのかと思われるかもしれません。是非、ご覧いただきたく思います。

　また、技能職者によるアイロンがけ講座やミシンがけ講座などを行うこともあり、匠プラザは技能職者と市民をつなげる場としても活用されています。

　未来へ向けてのわが館の役割としては、これまで以上に技能職者と市民をつなげることだと考えています。技能職者の伝統や文化を伝えること、そして匠プラザなどで直接技能職者と触れ合える場を提供していきたいと考えております。

匠プラザのご紹介

横浜市こども植物園

◆子どもたちに植物のすばらしさを伝えたい

横浜市こども植物園は、昭和54年6月23日、国際児童年を記念し、コムギの遺伝研究等で世界的に著名な木原均博士の生物学研究所跡地に開園した、広さ約3.0ヘクタール（うち、公開面積2.6ヘクタール）の植物園です。

こども植物園では、これまで子供たちに、植物に接し自然に親しみながら植物の知識を深め、緑を守り育てる思いやりのある心を培ってもらうとともに、市民の皆さまに対し、緑化の普及啓発活動を行ってきました。

園内は、花壇・バラ園、野草園、くだものの園、竹園、花木園、生垣園、薬草園など分かりやすく整備されています。中でもバラ園は大変人気が高く、横浜開港150周年記念のバラ「はまみらい」をはじめとする約450本のバラを見ることができます。

植物観賞の他、ガーデニング講習会や自然体験教室、春祭りなどの行事に加え、季節に応じた植物や写真の展示会などを1年を通じて開催しており、その他、都市緑化植物園として、緑の相談所を併設し、日々、市民の皆さまからの緑に関するさまざまな質問に答えています。

今後も引き続き、植物を題材とした自然史博物館的施設として、市民の皆さまへの緑化普及啓発活動に取り組んでまいります。

バラ園

横浜市立野毛山動物園

◆動物たちと子どもたちの未来のために

野毛山動物園は昭和26年（1951）の開園以来、半世紀以上にわたって、誰でも気軽に立ち寄ることのできる身近な動物園として親しまれてきました。キリンやライオンなど親しみのある動物を間近で見ることができる展示場や、小動物とのふれあいコーナーを設置し、「小さな子どもがはじめて動物に出会い、ふれあい、命を感じる動物園」をコンセプトに運営を行っています。

動物園は憩いと楽しみを与える場であると同時に、種の保存や地球環境保全について情報発信を行い、学んでいただく場でもあります。当園では、希少動物の繁殖に取り組むとともに、イベントやガイドを通じ、動物と出会った子どもたちが、動物たちの身体の不思議や、野生動物が暮らす地球環境について考えるきっかけづくりに努めています。

今後も、これまでの歴史の中で築いた実績と、地域やお客様との絆を礎に、子どもたちと動物たちによりよい未来がもたらされるよう、将来にわたって取り組んでいきます。

動物ガイドの様子（アミメキリン）

横浜市歴史博物館

◆大塚・歳勝土遺跡公園とともに

　「横浜3万年の歴史の継承・普及」を使命とする当館は、弥生時代の環濠集落・墓地である大塚・歳勝土遺跡（国指定史跡）と隣接する地に建設されました。

　港北ニュータウンの開発を乗り越えて、唯一保存・整備された大塚・歳勝土遺跡公園は、当館の野外展示として市民の生涯学習や学校教育に活用されています。社会科見学で当館と遺跡公園を訪れる小学生は、多い日には1日1,000人を超えます。また遺跡公園内の広場や工房では、土器の野焼きや勾玉づくり、ぞうり編み、紙すきなど、当館のテーマ「横浜に生きた人々の生活の歴史」を追体験するさまざまなプログラムを実施しています。

　遺跡公園の開園から約20年たち、多くの来場者を受け入れてきた復元竪穴住居や園内の施設の劣化も目立つようになりました。遺跡公園の修繕・整備を進めて横浜に残された大切な史跡を未来に伝え、博物館と遺跡公園が一体となった学びの場として、これからも活動を展開してゆきます。

遺跡公園での体験学習　弓矢で狩体験

横浜水道記念館

◆西谷の丘・水道の歴史とともに

　当館は、我国最初の近代水道が横浜に誕生してから100周年を迎えた昭和62年（1987）に、その誕生を記念して、歴史的に貴重な水道資機材を収集・保存し、水道の歴史を広く市民に知ってもらい、市民とのコミュニケーションの向上を図ることを目的として設置されました。

　「水道記念館」には、創設水道の恩人であるH・Sパーマーの業績や歴史を学ぶ展示、楽しみながら水の大切さを学ぶコーナーや展望室があります。「技術資料館」は創設工事以来の貴重な資材を収集・保存し、専門的な視点からの展示を行っています。また、1万㎡の「いこいの広場」は春の桜や四季折々の草花など市民のいこいの場所となっており、夏には、噴水池を子どもたちに「水の遊び場」として開放しています。

　水道記念館は、平成27年（2015）に建設100年を迎える「西谷浄水場」敷地の一角にあり、100年に渡り、地域の人達に支えられてきた「水道山・西谷浄水場」とともに、水道の歴史を市民に届ける使命を踏まえながら、地域から支持される「水道記念館」として成長していきたいと考えています。

桜の水道記念館外観

第2部　未来に向けて、わが館は

横浜都市発展記念館

◆都市の歴史を通して横浜の今を知る

　近年当館では、都市横浜が関東大震災からの復興を遂げ、その後の空襲・接収という戦争の暗い影を乗り越え、高度経済成長期にかけて大きく発展するまでの昭和史を、さまざまな切り口から紹介してきました。なかでも戦後の高度経済成長期を扱った展示は多くの来館者から高い評価をいただいており、いま横浜の戦後史に、ノスタルジーを超えた市民の関心が寄せられていることがうかがえます。鉄道・市電に関する長谷川弘和コレクションや、港のカメラマン五十嵐英壽撮影写真など、横浜の戦後史を伝える当館独自の資料群も充実してきました。これらに加えて、多くの市民の手元に残っている昭和期の資料を収集し、後世に継承していくことが、今後一層必要になると考えています。

　また当館の立地を活かした学校連携事業として、未来を担う子どもたちに都市横浜の成り立ちを知ってもらうよう、小学校4年生を対象に、吉田新田を起点とした都心部の発展を解説するプログラムを実施してきました。

　今後もこうした事業を充実させていき、横浜生まれの市民だけでなく、新しく横浜市民になった人にとっても、都市横浜の近現代史に触れてもらうことで、自分の住んでいる街（地域）への関心と愛着を持っていただきたいと願っています。

学校連携プログラム

横浜人形の家

さくら色の三角屋根の外観。2階入口を山下公園とつなぐポーリン橋より。

横浜・八景島シーパラダイス

◆横浜の海を身近に感じる施設を目指して

　平成 25 年（2013）3 月に誕生した、横浜・八景島シーパラダイスで 4 つ目の水族館施設「うみファーム」。海に育まれている生きものを体感しながら海を守る活動を行うことで、自然環境の大切さを楽しく遊びながら学んでいくことを「海育」と名付け、お客さまが自ら釣ったアジを食べたり、育ったワカメを収穫したりと、本物体験を楽しんでいただいております。

　また、「うみファーム」では貝や海藻の水質浄化能力を活かした水質改善や、人工漁礁を設置し、生物相を豊かにする環境改善にも取り組んできました。開業当時何も付いていなかった人工漁礁にはホンダワラ（海藻の一種）が自生し、海藻の森が育っています。また、その海藻の根もとにはアイナメが産卵し、親が卵を守る姿を観察できます。

　今後も増々「うみファーム」では環境改善と「海育」による本物体験に取り組んでいきたいと思います。

うみファームとアクアミュージアム

横浜美術館

◆「文化芸術創造都市・横浜」を推進

　当館は、平成元年（1989）、「みなとみらい 21 地区」で開催された横浜博覧会のパビリオンのひとつとして開設されました。まだ、ランドマークタワーもなく、ダンプカーや重機が土埃をあげて行き来するなか、同年 11 月に正式に開館しました。それから 25 年。美術館の周辺には、商業施設やオフィス・ビル、ホテルやマンションなどが建設され、いまや横浜を代表するシティ・スケープを提供しています。その真中にあって、横浜市の基幹文化政策である「文化芸術創造都市・横浜」を推進する主要施設に位置づけられるのが、現在の横浜美術館です。当館はこれに寄与すべく、平成 23 年（2011）から、現代美術の国際展として注目を集める「横浜トリエンナーレ」のメイン会場となり、その実施にも取り組んでいます。

今後は、横浜という土地の歴史的な背景を踏まえながら、19 世紀半ば以降の近代美術から最先端の現代美術にいたるまで、様々な芸術文化を多角的な視点でとらえ、内外に発信していきます。

横浜美術館外観　（撮影：笠木靖之）

第2部　未来に向けて、わが館は

横浜みなと博物館

◆横浜港の歴史と機能・取り組みを伝える博物館

　横浜は港を核に発展してきた港湾都市です。横浜における港の重要性は昔も今も変わりません。当館は、開館20周年にあたる平成21年（2009）に横浜開港150周年記念事業で、横浜マリタイムミュージアム（海事博物館）から、「歴史とくらしのなかの横浜港」をテーマとした横浜港の歴史と機能・取り組みを伝える博物館に生まれ変わりました。使命は「横浜港を知り、考え、楽しむことができる『市民のための博物館』」。その実現のために、横浜港に関する資料を調査し、集めて、保存し、展示するとともに、教育活動、ライブラリー事業を行っています。横浜港に特化した活動をする一方で、横浜港という地域を超えた港や船の資料にも目を向け、外から横浜港を見る視点を大事にしたいとも考えています。ともあれ引き続き、ボランティアとともに展示・公開、教育活動を通して、一人でも多くの人が、より横浜港を知り、考え、楽しむことができる博物館をめざします。

教育活動の横浜港ロケ地散歩

横浜ユーラシア文化館

◆ユーラシアの多文化理解に寄与する

　世界中で民族や宗教の違いによる紛争が絶えません。またグローバル化の時代に入り、様々な国の人々とのお付き合いが身近なものになってきました。このような状況の中で当館は、ユーラシア世界を対象にその多様な文化を紹介し、多文化理解の促進に努めてきました。

　とりわけ近年力を入れているのが、未来をになう子どもたちへの働きかけです。具体的には、広く子どもたちに読まれているモンゴルの童話『スーホの白い馬』を素材にした事業展開です。モンゴル遊牧民の移動式住居「ゲル」を、年に2〜3回当館の中庭に建て公開する「ゲルに集まれ！」企画、常設展示室の入口に「ゲル」内部を復原し紹介する「サインバイノー（「こんにちは」の意）スーホの部屋にようこそ！」企画等を通し、遊牧民の暮らしに接していただいています。子どもたちに、遊牧という日本文化と対照的な異文化を感じてもらうことで、遊牧文化を共有する多くのユーラシア諸地域の理解につながれば幸いです。

ゲルに集まれ！

川崎市岡本太郎美術館

◆現代芸術の美術館

　当館は、本市ゆかりの芸術家・岡本太郎氏から寄贈された作品及び資料をコレクションの中心として、岡本太郎の両親である漫画家・一平、小説家・かの子の生涯に渡る芸術活動の遍歴と芸術性を顕彰する美術館として開館し、昨年で15周年を迎えました。

　当館では、岡本太郎芸術を紹介する常設展の他、岡本太郎の芸術理念に基づき、「美術」という分野を超えた新しい芸術の可能性を模索する場として、岡本太郎と関わりのある近現代の美術や新人作家を紹介する展覧会など、幅広いジャンルの企画展を開催しています。特に、毎年冬に開催するTARO賞（岡本太郎現代芸術賞）展は、岡本太郎の精神を継承し、自由な視点と発想で、現代社会に鋭いメッセージを突きつける芸術家を顕彰する公募展の入賞・入選作品を展示するものであり、かつて岡本太郎がそうであったように、新しい才能を支援し、発表の機会を提供して、若い作家を生み育てていきたいと考えています。

川崎市岡本太郎美術館

川崎市市民ミュージアム

◆複合文化施設の強みを活かして

　多彩な表情をもつ都市、川崎。当館は、「都市と人間」を基本テーマに掲げ、昭和63年（1988）11月1日に開館した、博物館と美術館の機能を併せ持つ複合文化施設です。

　川崎の成り立ちとあゆみを考古、歴史、民俗などの豊富な資料で紹介する博物館。川崎ゆかりの作品のみならず、都市に集まる人々の様々な刺激から生み出されたポスター、写真、漫画、映画など近現代の表現を中心に紹介する美術館。この2つの側面から収集した多様なコレクションと独自性のある企画を館の特色として活動しています。

　平成25年度は、開館25周年を迎え、当館の強みである漫画・アニメを中心とした記念事業を実施しました。

　また平成26年度から3か年度の取組方針を策定し、「全国に発信できるミュージアム」など3つの「めざす姿」を実現するため職員一同全力で取り組んでいます。

　これからも当館の特色と多様なコレクションを活かしながら川崎の魅力を発信していきます。

市民ミュージアムの外観

川崎・砂子の里資料館

◆地域文化の拠点として

　東海道川崎宿の真中に位置し、和風蔵作りの「川崎・砂子の里資料館」として発足15年目を迎えました。

　江戸浮世絵の常設館として、文化不毛と言われた川崎南部で日本が世界に誇る浮世絵を毎月入れ替え無料公開しています。

　菱川師宣から初期の懐月堂派・奥村・西村の作品、多色摺浮世絵で名を馳せた鈴木春信、黄金期を形成した美人画の歌麿、清長、栄之、ユニークな役者絵の写楽や勝川春章、風景画のジャンルを拓いた北斎、広重、幕末の浮世絵界の重鎮三代豊国、国芳など更に明治・大正・昭和の新版画約4,000枚を所蔵。世界に誇る民族の宝「浮世絵」を公開しています。

　昨年9月公益法人化し、コレクションの散逸を防ぎ、東京オリンピックで訪日する人達にお見せしようと思っています。

　私設美術館を存続させることは、大変難しい事です。でも「下駄ばき」美術館を標榜して、これからも文化振興に尽くして参ります。

川崎・砂子の里資料館　外観

かわさき宙と緑の科学館

◆「市民とあゆむ宙と緑の科学館」を旗印に

　かわさき宙と緑の科学館（川崎市青少年科学館）は、平成24年（2012）4月にリニューアルオープンいたしました。前身のプラネタリウム館は、昭和46年（1971）に学校関係者や地域の天文同好会の方々が当時の川崎の公害を憂い、子どもたちにきれいな星空を見せてあげたいという願いから建設が実現したものです。その後、昭和58年（1983）に本館展示室が開館し、同時に市民との協働による自然環境調査が始まりました。その活動は30年経った今日まで続いています。社会教育施設としての博物館の使命は、目の前にあるものを自分の問題として捉え、主体的に関わる学びを支援すること、そして、「ひと」と「ひと」をどうつなげるかが大切であると考えています。これまで継承されてきた科学館の基本理念「市民とあゆむ宙と緑の科学館」を旗印に、これからも地域に根差し、子どもや高齢者、障がい者などあらゆる方々に必要とされる地域の博物館づくりに取り組んでいきたいと考えています。

天文サポーターの協力による天文教室

川崎市平和館

◆次世代に平和の尊さを伝え継ぐ平和活動の拠点として

　川崎市は、昭和57年に核兵器廃絶平和都市宣言を行い、市民の平和に対する理解を深め、平和を希求する市民相互の交流及び平和活動を推進する拠点として、川崎市平和館は設立されました。平和博物館として、過去の戦争や現在の武力紛争だけでなく、環境破壊、貧困、差別など包括的な平和問題の提示と問題解決・緩和に向けた取り組みを紹介しています。

　平成26年4月には、常設展示全体をリニューアルし、パネル中心の展示にしたほか、子どもたちが平和の尊さを実感できるよう模型やタッチパネル、音声ガイドなどを取り入れ、よりわかりやすく平和問題を理解してもらえる展示としました。また、川崎大空襲記録展や原爆展の開催、平和をテーマに小～大学生が主体となって参画する企画展や親子平和推進事業など、若者が平和に関心を持てるような取り組みも進めています。

　今後も、より多くの市民たちが、幅広い意味での平和について平和館に来て見て考える、次世代に平和の尊さを伝え継ぐ拠点として、様々な活動に取り組んでいきます。

川崎市平和館外観

電車とバスの博物館

モハ510形

イベント館に展示しているモハ510形は、1931～1936年まで、通勤や通学用の郊外電車として製造され東急各線で活躍していた電車です。

東芝未来科学館

◆ものづくりから、未来づくりへ。わくわくする科学館をめざして

　当館は昭和36年（1961）開館し、約53年間多くのお客様をお迎えして参りましたが、平成26年（2014）1月に移転、リニューアルオープンしたものです。「人と科学のふれ合い」をテーマに、最先端技術の紹介、科学技術の教育への貢献、産業遺産の保存と展示を大きい柱として活動しています。東芝の2人の創業者、田中久重と藤岡市助のものづくりの精神は、次の世代に受け継がれ、数々の日本初、世界初の製品を生み出してきました。館内では、その歴史の紹介や、最先端技術を駆使した体験型展示、多くの実験教室、ワークショップなどで科学を楽しんでいただけるよう努めています。また、地域に密着した施設として多くのイベントも開催しています。

　当館はこのような活動から、東芝が今まで蓄積してきたものづくりの技術が、未来づくりに少しでも貢献できるように、わくわくする科学館、開かれた科学館として、より多くの方に愛されるよう活動していきたいと思います。

館内で毎日行われるサイエンスショー

明治大学平和教育登戸研究所資料館

◆戦争と平和を語り継ぐ場としての使命

　わが館の使命（設立の理念）は、戦争とりわけ日本の秘密戦の実態をありのままに記録し、大学付属機関として歴史教育・平和教育・科学教育の発信地となること、戦争遺跡の調査・保存をめざす人びととの連携の場となることにあります。将来においても、この理念を発展させ、次世代の人びとに戦争の記憶をより具体的な形で伝えるとともに、常に戦争遺跡研究の課題を提起しつづける博物館でありたいと考えています。そのためには、全国の戦争研究・戦争遺跡保存にかかわる諸機関・団体・個人との交流を緊密におこない、モノ（展示・刊行物）によって戦争の記憶を継承するだけでなく、戦争非体験者であるヒト（語り部）がさらに若い世代のヒトに戦争を伝えていくための情報（知識）・ノウハウを蓄積・洗練していくことが大切です。今後とも、戦争と平和について、自分たちに直接かかわる問題として考えるため、刺激的な素材を提供し続けたいと思います。

キャンパス内に残る登戸研究所史跡ガイドツアーに参加する大学生・地域住民

若宮八幡宮郷土資料室

◆わが資料室は未来へ向けて

　川崎大師地域の歴史を伝えるべく開室して約30年になります。郷土資料室については地域の方達の見学が多く、高齢者の方達は昔をなつかしんでいます。小学生達は昔の道具に驚いたり、感心したりしています。金山神社資料室に関しては鍛冶や関係・石仏関係・民俗資料関係なので、専門的な知識のある方達の見学が多いようです。今後は、ただ展示をするだけではなく、実際に道具（海苔づくり等）を使って体験できるような施設として古い時代から現代・未来へと継承して行くことのできる資料室にしていきたいと思っています。

若宮八幡宮郷土資料室

神奈川県立近代美術館

◆鎌倉からはじまった。そして葉山へ

　神奈川県立近代美術館は、いま大きな曲がり角を迎えています。昭和26年（1951）の開館以来使いつづけてきた坂倉準三設計の鎌倉館が、2015年度で借地期限満了となりその後の延長が望まれないからです。

　当館同時代の美術を収集と展示とによって紹介するとともに、過去のものにも、美術の狭いジャンルにこだわることなく現代の目で見直し展示することにも力を注いできました。

　半世紀以上の活動は、この稀なる近代建築に、独特の味わいを醸成させてきました。ロケーションが、鶴岡八幡宮という史跡であり、そこに師ル・コルビュジェ譲りの坂倉準三のみごとなモダニズム建築が組み合わされている。それだけでも類のない近代美術館です。さらにそこに現代のアーティストが作品を加えるとき、まったく予測のつかない空間と時間が生まれます。たとえば、テラスに吊るされた内藤礼の《恩寵》（1999/2009年）。ビーズの連なりがたっぷりとカーブを描き、きらめき風に揺れる。桃源郷に誘われる心地がします。鎌倉からはじまった、この風景を胸に刻み、葉山に軸足を移します。

内藤礼《恩寵》（2009年、2010年撮影）

神奈川県立フラワーセンター大船植物園

◆多様なニーズに応えて、花のすばらしさを伝えたい

　当園は、花き園芸の振興、県民の皆様の植物に関する興味の増進、知識の普及を目的として、昭和37年（1962）に開設され、平成26年（2014）3月までに約1,450万人にご来園いただいております。

　お客様は幼児から高齢者まで様々な年齢層の方々で、植物園に対するニーズも多様です。緑の中でゆっくりと過ごしたい、伸び伸び駆け回りたい、その時々の季節の花を楽しみたい、希少な花や、花に関連した新たな知識、技術に接して植物に関する知見を深めたい、等々。

　未来に向けて、当園の目的とするところに変わりはないですが、お客様に、より満足していただくために、植栽、展示やセミナーの充実、環境整備、安全の確保に一層取り組んでいくことが必要と考えています。そのために園で独自に保有する品種の維持、新奇な植物の導入、新たな植栽や栽培技術、花の楽しみ方の紹介、老朽施設の更新、樹木の適正管理、等に努めていきたいと思います。

一年を通して花が楽しめる観賞温室

鎌倉・吉兆庵美術館

◆「魯山人のこころ」を伝える

　鎌倉・吉兆庵美術館では、鎌倉ゆかりの美食家であり陶芸家でもある「北大路魯山人」のこころをもとに作品を展示しています。書をはじめ、篆刻・陶芸・料理と多彩な才能を持つ魯山人は食の世界を追求し、自らの料亭で使用する食器を制作するようになりました。「うつわは料理のきもの」とは魯山人の遺した有名な言葉です。この言葉のとおり、魯山人の手がけた器は料理を盛り付けてはじめて活かされ、食材・素材の見た目の美しさがさらに引き立つのです。当館では、魯山人が理想とする"食"についての展示をさまざまな方法でご紹介しております。また定期的に企画展を開催し、日本の四季折々の風情を表す作品や鎌倉ゆかりの工芸作品など、季節に合わせた展示を行っております。

　魯山人の力強く美しい作品の数々を通して、日本食離れが進んでいる現代の若い人たちに日本文化や日本食について興味を持っていただける展示を目指しています。日本の"食"に携わる当館ならではの展示で日本食の素晴らしさを次世代にお届けしたいと思います。

織部風御ふぎ鉢（北大路魯山人）
春日子鯛姿盛り（協力：銀座　松濤）

鎌倉国宝館

◆鎌倉の文化財を後世へ

　鎌倉国宝館の開館は、昭和3年（1928）に遡ります。大正12年（1923）の関東大震災によって、鎌倉でも多くの寺社が倒壊し、鎌倉時代以来受け継がれてきた貴重な文化財が破壊されました。これにより、不時の災害から文化遺産を保護し、あわせてこれらを観覧することのできる施設の創設が目指されました。被災下の状況でもあり、建設は容易なものではありませんでしたが、鎌倉の史跡名勝等の保護に尽力してきた「鎌倉同人会」をはじめとする多くの人々からの寄付や、鎌倉内外の寺社等から文化財の寄託を受けることによって、当館は開館に漕ぎ着けることができたのです。

　このような設立時の基本理念は、現在の館にも引き継がれています。そして、その重要性は未曾有の大震災に見舞われた昨今、さらに増しているといっても過言ではありません。わたしたちは90年近くの実績・経験を踏まえながら、鎌倉の貴重な文化財を後世に伝える役割を果たしていきたいと考えています。

鎌倉国宝館展示場

鎌倉宮宝物殿

◆未来へ向けての展望

　当鎌倉宮宝物殿は大正時代の開館以来、主に御祭神・護良親王また鎌倉宮御創建に関わる宝物・資料等を中心に、展示して参りました。爾来、今日に至るまでまもなく開館より百年の時を経ようとしている訳ですが、現状では課題が山積しております。

　収蔵品の大部分を占めているのが明治・大正そして昭和初期に奉納されたものですが、現状系統立てた展示を成していない上、特に本来宝物殿の中核として展示されるべき宝物が、諸般の問題から常時展示されておらず、全体の再整備が急務となっております。

　これら収蔵品の内、特に奉納された品々の奉納者は、或いは時の華族、或いは特に御祭神にゆかりのある方々等、多様であり、それぞれに由緒があることが一つの特徴といえます。

　当館としては、この様な特徴を踏まえた上で、今後未来へ向けて収蔵物の展示について再構成を行い、宝物殿設置の使命たる「御祭神の御事蹟」また「鎌倉宮御創建の意義」について参拝者に明示できる様な展示を目指して参ります。

鎌倉宮宝物殿外観

観音崎自然博物館

◆観音崎の森と海の自然の多様性を皆で楽しむ

　当館は昭和28年（1953）設立以来、東京湾に流入する河川の源流から東京湾の深海までの一纏（ひとまとまり）の水域「東京湾集水域」に生息する動植物と人の暮らしを考える博物館として、活動を展開してきた。近年県立観音崎公園の陸上動植物の自然度は急激に低下し、絶滅あるいは絶滅が危惧される動植物も多い。当館ではこれら減少が著しい動植物に対して保全活動や生息地復元活動を継続的に行い、県立観音崎公園の指定管理者と協力しながら生物多様性に配慮した、維持管理を実施している。このように観音崎の自然を博物館の野外展示として位置づけ、その季節になれば、いるべきところに、目当ての在来動植物がさりげなくふつうに見られるような観音崎の自然の多様化と、見どころ作りを推進していきたい。この道はいまだ道半ばであるが、後継の人にも継承し、生物多様性に富んだ、観音崎の森と海の自然に恵まれたエコミュージアムをめざしていきます。

たたら浜から見た観音崎自然博物館

記念艦「三笠」

◆明治の偉業を語り継ぐ

　戦艦「三笠」は日露戦争の日本海海戦において連合艦隊の旗艦として常に艦隊の先頭に立ち、歴史的な大勝利に大きく貢献しました。大正15年（1926）に栄光の歴史を持つ「三笠」を記念艦として保存することが決まり横須賀の地に固定されました。太平洋戦争後荒廃した時代もありましたが、日本人としての誇りと自信を取り戻すために昭和36年（1961）に復元され現在に至っております。艦内の展示では日露戦争に関わる主要な人、背景や経緯について理解いただくとともに、世界で唯一残る100年以上前の本物の戦艦にも触れることができます。今後は展示物に加えてモバイル機器等を通じて、当時の情勢等についてより解りやすくしてゆきたいと思います。

100年を超えて残る本物の戦艦

京急油壺マリンパーク

◆水族館が未来に向けて社会に貢献できること

　当館では、CSR活動の一環として平成20年（2008）より三浦市、横須賀市の小学校と共に神奈川県産の希少な生物たちの繁殖保護活動に取り組んでいます。この活動は、当館職員が両市の小学校へ出向き、これら生物についての卓話および飼育方法をアドバイスし、地元に棲む生物を飼育繁殖させて種の保存に役立てたいというものです。この活動をより充実させるため、平成21年（2009）には園内に県産の希少種を繁殖展示する施設「みうら自然館」を建設、平成22年（2010）にはビオトープと田んぼを新設しました。これらの増設により、12種の絶滅危惧種繁殖に成功し、来園客へ希少種の繁殖保護活動の紹介や稲作体験など食育活動ができるようになりました。

　当館では、これらの活動を通じて将来を担う子供たちが、わが故郷に住む生物を知り、自然の恵みと命のつながりを後世に伝えることを願っています。

繁殖したイモリの幼生

逗子市郷土資料館

◆課題山積の公園施設

　昭和59年（1984）4月、逗子の名を広く世に知らしめた明治大正期の文豪、徳冨蘆花ゆかりの地、桜山8丁目に蘆花記念公園が設けられました。逗子市郷土資料館は、風光明媚なこの公園の一角にあるささやかな公園施設で、逗子にゆかりのある文学関係資料のほか、民俗、考古資料等を展示しています。資料館の建物は大正元年（1912）に建築され、大正6年（1917）から戦前までの間は、徳川宗家第16代当主家達の別邸として使われた由緒があります。木造平屋建、寄棟造の桟瓦葺きで、西に面して8畳間を一直線に連ねた間取りは、海側の眺望を重視したものでしょう。実際、どの部屋からも眼下に逗子湾を眺めることができ、天候次第では、江ノ島の向こうに富士山を遠望することもできる素晴らしいロケーションです。しかし、貴重な近代和風建築も近年は傷みが激しく、文化財収蔵展示の場の確保とともに、建物そのものを市としてどう保存活用していくのかが大きな課題となっています。

逗子湾に面した逗子市郷土資料館

鶴岡八幡宮宝物殿

◆鶴岡八幡宮が目指すもの

　当宮の宝物殿は明治25年（1892）、第2回鎌倉懐古展覧会を廻廊にて開催したことを起源としており、現在も御本殿にて参拝された後にすぐ入館できる位置、本殿西側廻廊に開設しています。こちらでは、後白河法皇が奉納されたと伝えられる「御神服」（東京国立博物館寄託品・国宝）の一部や古神宝「朱塗弓・黒漆矢」（鎌倉国宝館寄託品・国宝）を始め、鶴岡八幡宮の改築・修理を行う為に作られた指図である「修営目論見絵図」や「擬宝珠・金具類」（県指定文化財）・鎌倉彫の遺品としては珍しい「墨壷」（県指定文化財）などを展示しております。

　源頼朝公が心を寄せた鶴岡八幡宮の歴史の深さと、その歴史から生まれた美術に触れ、その中で神社への関心と理解をより一層深めて頂きたいと思います。そして、合わせ向後八幡さまのご神徳の高揚を目指し、国の平和と国民の安寧を祈念していきたいと考えます。

鶴岡八幡宮宝物殿収蔵　鶴岡八幡宮享保絵図

長谷寺宝物館（仮称）

◆長谷観音と鎌倉の信仰の場として

　当館は、明治40年代に開設された「宝物陳列所」を前身とし、昭和55年（1980）に本格的な博物館施設として開館しました。その目的は、寺宝の末永い護持と同時に、参拝者に広く公開し、御本尊十一面観音菩薩像のもとに築かれた鎌倉長谷寺の歴史と信仰、そして建立の意義を後世に伝え残すことであり、この使命を果たすべく、今日まで活動して参りました。

　現在、開館35周年を記念して大規模改修を行なっており、平成27年（2015）秋に、新たな施設として生まれ変わります。常設展示では、長谷寺の信仰の中心となる十一面観音菩薩像と三十三応現身像の映像と資料を融合させた新しい展示空間を創出する他、特別展・企画展をより充実させることで、今後さらに展示の幅を広げていく予定です。

　また、観光都市鎌倉に位置する当山は、近年、国内だけでなく海外からの参拝者も多くなっており、よりわかり易く、開かれた文化活動が求められています。鎌倉の一寺院として、長谷寺のみならず、鎌倉の歴史や観音信仰を実感できる施設を目指し、活動を展開していきます。

リニューアル完成予想図（1階部分）

葉山しおさい博物館

◆相模湾の生物と昭和天皇

　葉山しおさい博物館は、昭和62年（1987）に、葉山御用邸付属邸の跡地に開館しました。この地は大正天皇が崩御され、昭和天皇が皇位を継承された昭和発祥の地として由緒ある場所です。また、当博物館の前身となる葉山観光館（昭和47年〈1972〉以降は葉山郷土館と改称）の時代から数えるとすでに50年を越える歴史をもちます。

　葉山しおさい博物館には、昭和天皇が相模湾でご採集された海洋生物の御下賜標本28点や、1960-70年代に葉山観光館・葉山郷土館の学芸員であった川瀬ツル氏により採集された相模湾の海藻標本などが展示されています。これらの標本は、相模湾という特定の海域に特化して収集された資料であり、長期にわたる相模湾の生物相の変遷を知る上で欠かすことの出来ない貴重な資料となっています。

　昭和天皇が行った相模湾の生物調査を引き継ぐ形で、現在も行われている研究を、今後は、さらに発展させ、これらの情報発信の場として博物館を活用できればと考えています。

昭和天皇御下賜標本展示室

山口蓬春記念館

◆山口蓬春記念館の安らぎを提供　−"美しい日本画""近代数寄屋建築と庭園"−

　当館は、日本画家・山口蓬春（1893-1971）が、昭和23年（1948）から亡くなる昭和46年（1971）までを過ごした邸宅を記念館として公開しています。平成2年（1990）に山口家より土地、建物及び所蔵品の寄贈を受けた現・公益財団法人JR東海生涯学習財団が、その偉業を永く後世に伝えていくことを目的として開館しました。

　当館では、蓬春の日本画をはじめ、研鑽の偲ばれる素描、模写等と共に、長年にわたり収集した美術品の数々も随時展示替えを行いながら紹介しています。また、蓬春とは東京美術学校で同窓であった建築家・吉田五十八設計による画室や茶の間・内玄関のほか、二階座敷（旧画室）や桔梗の間、蓬春が慈しんだ庭園などの生活空間もあわせて公開しています。

　平成25年（2013）には本館展示室を増設し、平成26年（2014）には別館を建て替えました。別館1階は多目的スペースとして活用、葉山の海が一望できる2階は美術鑑賞後の寛ぎのスペースとしてご利用いただいています。

　来館された方々には、蓬春の生前の創作活動を偲びながら葉山の豊かな自然を満喫しつつ、安らぎの時間を過ごしていただけるように努めています。

山口蓬春記念館外観（松岡満男撮影）

横須賀市自然・人文博物館

◆60年の、その先へ

　当館は前身の「横須賀市博物館」が開館して平成26年（2014）で60周年を迎えました。開館以来、市民文化の創造・発展に寄与することを目指し、三浦半島の自然誌と歴史を研究し、資料を集め、展示と教育を行ってきました。この60年間に、山と海をテーマにした2つの自然教育園を開園し、自然部門と人文部門を分割して移転・リニューアルさせ、国指定重要有形民俗文化財の収蔵庫を建設し、横須賀製鉄所の意義を今に伝えるヴェルニー記念館を開館しました。一方、自然にあっては気候変動や土地利用の変化、社会にあっては年齢構成や産業構造や余暇活動などの変化など、他の多くの都市と同様に、博物館を取り巻くフィールドや市民生活には大きな変化がありました。60年間の伝統や変化を受け、多様な自主事業を行うだけでなく、学校教育や様々な市民やサークルの学びに積極的に協力するなど、今後も魅力あふれる博物館活動を目指していきます。

横須賀市自然・人文博物館（本館）

江島神社奉安殿

◆弁財天信仰を伝えるために

　年間1,500万人超の来島者を迎える当社は、安芸の宮島、近江の竹生島と並び日本三大弁財天と称され、辺津宮境内にはその御尊像である八臂弁財天・妙音弁財天の二躯を奉祀する奉安殿を構えています（八臂弁財天像は県重文指定）。島内随所には弁財天信仰の盛んであった江戸時代の軌跡を尋ねる事が出来ますが、往時からの両御尊像を安置する奉安殿こそが、現代でも尚盛んな同信仰の中心的施設となっています。奉安殿に於きましては、その信仰を永く後世に継承させるために、懸案でありました改修を施す事となり、目下諸準備を取り進めております。文化財保護の面にては耐震化を図り、信仰面では御尊像の安置方法も考慮して、より情操深く拝観出来るよう、最新の技術も駆使した施設へと充実化を図り、広く精神文化の昂揚に資する所存です。

弁財天を収蔵する奉安殿

大磯町郷土資料館

◆地域の方々との協働活動を起点に　新たな大磯町の魅力を発信

　当館は昭和63年(1988)10月に開館し、26年目を迎えました。開館より「湘南の丘陵と海」をテーマとし、考古・歴史・民俗・自然分野を中心とした企画展や学級・講座を行ってきました。小規模な地域博物館ですが、積極的に企画展を開催し、多い年で年間に7本、平均でも年間5本程度の企画展を開催し、様々な分野から大磯町を含めた湘南地域の魅力を発信しています。学級・講座では、年間を通して活動を行う会員登録制のワークショップに力を入れています。古文書裏打ちクラブ・古文書解読クラブ・石仏クラブ・大磯自然観察会・海の森クラブ等のワークショップがありますが、内容としては地域の方々と協働で資料収集・資料整理・調査研究を行うものであり、博物館活動の大きな支えになっています。

　現在、当館は活動の転換期を迎え、大規模改修の準備を進めています。新たな活動ステージではこれまでの活動成果をもとに、新たな大磯町の魅力を発信できればと考えています。

古文書解読クラブの活動の様子

三之宮郷土博物館

◆親しまれる博物館めざして

　当館は栗原川と鈴川にはさまれたなだらかな丘陵地に位置しており、この地域一帯は古代より多くの人々が住み、住居跡など360基に及ぶ古墳群が発見されております。比々多神社先々代宮司により発掘調査されたものを中心に展示されており、展示品を通じて先人の知恵や歴史、文化財の認識を高める一助となっております。

　展示品には県内でも数例しか発掘されていない勾玉類がありますが、周辺から数多く出土している関係上、設立主体である比々多神社の「まが玉祭」にあわせ無料拝観を実施し、ボランティア団体等の協力を得て、「まが玉づくり体験」などの学習機会を設けております。考古資料は一般的には馴染みにくいものですが、勾玉や土器などに実際に触れてもらう事で興味を持ってもらい、幅広い年代層に魅力を伝え、親しみある博物館にしていきたいと思っております。

三之宮郷土博物館

新江ノ島水族館

◆つながる命の大切さを伝える

　新江ノ島水族館は相模湾に面し、右手に富士山、左手に江の島が控える絶好のロケーションを最大限に活用した水族館です。基本テーマは「相模湾と太平洋」、そして「生物」。海洋生物の宝庫として世界的に知られる「相模湾」を、様々な角度からご紹介することはもちろん、併設する「なぎさの体験学習館」では、なぎさを体感できる様々な体験学習プログラムを実施しています。

　10周年を迎えた平成26年（2014）4月より、湘南の特産品「シラス」の生体展示を世界で初めて開始。また、相模湾に回遊・生息する3種のウミガメを一年中間近で観察できる新施設「ウミガメの浜辺」もオープンいたしました。

　60年以上に亘る飼育研究からなる世界有数のクラゲ展示、JAMSTEC（海洋研究開発機構）との深海生物の長期飼育法に関する共同研究、世界初のバンドウイルカ飼育下4世・5世の累代繁殖成功など、今後も展示、ショー、体験学習プログラム、研究等を通じて、「つながる命」のすばらしさと大切さを伝え続けて参ります。

クラゲファンタジーホール

茅ヶ崎市美術館

◆地域住民とともに歩む湘南美術の情報発信基地

　茅ヶ崎市美術館は、自分たちの美術館を持ちたいという市民の要望に応える形で平成10年（1998）に開館しました。萬鐵五郎や青山義雄・小山敬三・井上有一らをはじめとする郷土にゆかりのある作家の調査・作品収集・展示・保存・研究に加えて、企画展示に関連する講演会やミニコンサートなどのほか独立したワークショップや実技講座、教育普及プログラムを実践しています。また、全国的にも希な赤ちゃんと保護者を対象とした家族鑑賞会を展開するとともに学校連携にも力を入れています。これらの活動を通じて美術に関心を持つ青少年の育成と郷土の美術文化の振興に尽力する一方、今後はより積極的に市民や作家、ギャラリーなどと関わり合いながら、日々新たに変化する湘南美術の情報のリサーチとデータベースの蓄積を目指し、多くの市民から「ここには地元の美術のすべてがある」と言われるような地域住民とともに歩める魅力ある地方美術の情報発信基地となるよう努めていきます。

茅ヶ崎市美術館外観

茅ヶ崎市文化資料館

◆地域の自然とくらしの記憶を継承する

当館が開館した昭和46年（1971）は、高度経済成長期であり、急速に都市化が進展していました。それまでの地域のくらしが失われていくことが危惧されていました。茅ヶ崎の自然やくらしの記憶を伝えるモノや、情報をできるだけ多く収集し保管することから、文化資料館の活動は始まりました。

また、市民と協力して活動を行ってきたことで、茅ヶ崎を語るに欠かせない自然や歴史・文化の資料を5万点以上収集保管することができました。市民とともに博物館活動を行うことで、地域の宝ものを守り伝えながら、過去と現在、そして未来をつなげていくことが、当館の使命であると考えています。

現在、当館は平成31年度の開館を目指し、新たな資料館づくりに取り組んでいます。これまでの活動で蓄積した地域の自然や歴史・文化に関する資料や市民と協力して行う活動を次代に継承し、まちの文化創造に寄与する博物館づくりを目指し、新しい資料館づくりを推進していきます。

新しい資料館を検討する市民ワークショップの様子

日本大学生物資源科学部博物館

◆学徒と共に歩む

日本大学生物資源科学部は約8千人もの学生を擁する自然・生物系のマンモス大学です。当館はそのキャンパス内の正門近く、コナラ等の茂る丘の縁にあります。地階と4階からなる建物のうち、1・3階を博物館として管理・運営し、展示室を一般に開放しています。各学科の教育・研究に関連する資料を中心に収集・保管しており、常設展示室では哺乳類や鳥類多種の骨格標本・剥製、昆虫類標本、農機具、稲伝播の歴史等の展示をしています。

当館の特徴は博物館運営に学生ボランティアが大きく関わっていることです。学生ボランティアは、現在約50名が登録し、授業の空き時間等に活動をしており、企画展示や広報、行事の運営、標本の整理、来館者への応対等、様々な場面において個々の特技を発揮しています。

将来は、一層多くの学生の教養を広げられるよう、生物・博物館好き学生の活動の場となるよう、地域の方に親しまれるよう、活動していきたいと思います。

学生による手作りの相模湾模式断面図（企画展示用）

秦野市立桜土手古墳展示館

◆遺跡空間としての古墳公園

　平成2年（1990）、桜土手古墳群の現地保存に伴い、そのガイダンス施設として開館した秦野市立桜土手古墳展示館は、その名の通り古墳時代を中心とした考古系博物館でした。しかしながら四半世紀に近い時の経過は、多様なニーズを生み出してきました。昨年度には館内に旧市史編さん室の資料が収蔵される事になり、歴史資料の公開といった役割も担う事となりました。

　このように、開館当初から比べると、やや広い分野を対象とした博物館へと変化しています。しかしながら、一貫して変わらないものがあります。それは「遺跡としての空間」です。展示館は古墳公園の敷地内にあり、周辺は貴重な緑地となっています。

　ここを訪れる人たちは、「古墳」という「遺跡としての空間」に触れ、視覚的に「古墳」を認識しています。古墳公園内に保存された6基の古墳と復原古墳は、まさに地域の「遺跡としての空間」の象徴的な存在です。この空間を次世代に伝えていく事こそ、未来に向けての私たちの役目です。

桜土手古墳公園

平塚市博物館

◆「まちづくり」への寄与をめざして

　当館は昭和51年（1976）の開館以来、地域に根差した博物館活動を特色のひとつとしてきました。市民・学芸員がともに学び、研究する各分野のサークル活動の成果は、資料収集・調査研究など諸方面で、市民の財産になっています。そして、間もなく開館40年を迎えるいま、これまでの「地域博物館」としての活動に、「まちづくり」への寄与の視点を未来に向けて加えていきたいと考えています。

　「まちづくり」とは、道路や景観等の整備にとどまりません。自らの生活の舞台である「まち」に関心と愛着を持ち、よりよい「地域」を創出する担い手を育成し、その手助けをすることも「まちづくり」のひとつです。当館では、その一環として総合博物館としての利点を生かして多分野から多面的に地域を見つめ、地域への関心を深める「平塚学講座」や、地域住民と連携して「地域おこし」をめざす特別展など、新たな活動を展開していきます。

平塚学講座の受講生による成果発表会

藤沢市生涯学習部 郷土歴史課

◆新たに展示施設等の設置を準備中

　郷土歴史課では、現在二つの展示施設等の設置を準備しています。
　1　(仮称)ふじさわ宿交流館
時宗総本山・清浄光寺(通称遊行寺)の門前で旧藤沢宿の東海道に面した場所に、平成27年(2015)度建設を予定しています。旧宿場の歴史を活かしたまちづくりの拠点施設として、歴史散策やウォーキングで訪れる方の休憩場所や郷土の歴史を知るための展示室等を整備します。
　2　(仮称)藤澤浮世絵館
JR辻堂駅北口ココテラス湘南7階に平成27年度に整備を行います。開館は平成28年(2016)夏を予定しています。
藤沢宿や江の島の浮世絵をはじめ、東海道五十三次の浮世絵や街道双六、絵図などのほか、郷土の歴史・文化に関する資料も幅ひろく展示公開して、子どもから大人まで楽しくご覧いただけるよう努めてまいります。

(仮称)ふじさわ宿交流館立面予想図(上 南面、下 西面)

藤沢市湘南台文化センターこども館

◆驚きと感動が未来を拓く！

　平成26年(2014)7月18日、こども館は開館後25回目の夏を迎えました。夏休みには、多くの子ども達が来館します。この子ども達に、たくさんの驚きと感動体験を与えるのが当館の使命です。触って遊ぶことを基本とした展示ホールをはじめ、工夫を凝らして行うワークショップでは、ありふれた日用品が見事な造形作品に変わるとき、子ども達は驚き、感動します。プラネタリウムでは、開館以来一貫して職員がシナリオづくりから番組制作を手がけ、多くのリピーターを育てています。こうした驚きと感動体験の積み重ねこそが、子ども達の夢を育て、未来を切り開いていく力になると信じています。そして今、大人にも目を向け、毎週土曜の夜には「まいど☆スペシャル」という大人向けの企画事業も行っています。これからも驚きと感動を演出し続け、子どもから大人まで多くの人たちが来て良かった、また来たいと思ってもらえる施設を目指していきます。

子ども達と一緒に牛乳パック518個でつくったまつりの模擬店は注目の的

遊行寺宝物館

◆現代も続く「軸屋」―文化を後世に伝える―

　当館は、昭和52年（1977）に時宗総本山・清浄光寺（通称 遊行寺）境内に、什物の保管・修復と調査研究および一般公開を主な目的として開館しました。時宗美術とも言うべき、仏教美術を中心とした絵画・彫刻・陶磁器・工芸品・書跡・典籍をはじめ、関連する中・近世文書など、約2万点の資料を収蔵しています。

　さて、時宗には軸屋と呼ばれる役職があります。これは「別時念仏会」という法要において本堂等を荘厳し、そこに掛ける報土名号などを管理する役で、古くは『藤澤山過去帳』（室町時代 当館蔵）の、遊行二十五代仏天上人代の記録にも登場します。この軸屋は平時においても、歴代上人の名号や祖師像を含む仏画・聖典などの修復や新調を手掛けており、まさに現在の学芸員に相当する業務を担っていた事が分かります。

　約500年「軸屋」の役割を果たすのが当館です。今後は遊行寺の文化財の守り役としてのみならず、関連する宗門内外の文化財や、門前町である藤沢の歴史や文化をも後世へ伝える組織として、活動していきたいと考えています。

『藤澤山過去帳』の軸屋と遊行寺「別時念仏会」報土名号

Antique Museum 江戸民具街道

◆体験して感じてほしい、民具の「心遣い」

　江戸庶民の生活道具や、もの作りの道具を展示する当館では、開館当初より「実際に触って体験してもらう」ことを大きなテーマの1つに掲げております。動くものが多くありますが、動かないものでも、手に取って初めてわかること、触らなければ感じられないことが多々あります。単純な形の中に、奥深い知恵と工夫が詰まった民具は、使い手のことを考えて作られた『思いやりの結晶』とも言うべきものです。その知恵と工夫と「心遣い」を体感して頂くべく、体験道具の増設に努めて参りました。昨年度から、行灯の明るさ（暗さ）を体験する「二宮金次郎の灯し火体験」、意外なほどの明るさと炎のゆらぎに驚く「和ろうそくの点火」、子供たちに人気の「水熊手」のコーナーを新設いたしました。また、「篝」に始まる灯りの変遷の展示に『エジソンの電球≪MAZDA≫』のコーナーが加わりました。これからも、民具の心遣いやおもしろさを感じて頂けるよう、進めて参ります。

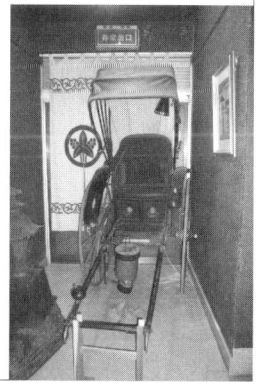

初期の人力車 （明治3年）

小田原市郷土文化館

◆これから先も市民のみなさんとともに

　豊かな自然環境に加え、城下町・宿場町として栄えるなど、歴史的・民俗的環境に恵まれた小田原市では、地域の歴史や文化への関心の高いかたが多く、当館は地域の研究者や団体らが資料を持ち寄るなど、市民の皆さんの協力によって誕生した施設です。

　昭和30年（1955）の開館以来、展示や講座、体験教室などを通じて、郷土の豊富な資料に触れる機会を提供し、今年で60周年を迎えました。

　また、市内には当館の分館である松永記念館など、様々な特色を持った施設があります。現在本市を訪れる年間400万人を超える観光客のかたに、各施設や見所への回遊を促し、新たな一面や魅力を発見していただけるようより努めていきたいと考えています。

　今後も資料の収集・保存・活用の拠点として多くのかたに本市の持つ多彩な魅力を発信し、地域の歴史や文化を広く伝えていく役割を果たすと同時に、開館時の経緯を踏まえ、これから先も市民の皆さんとともに歩んでいきたいと思います。

土器製作体験教室で、市内で出土した縄文土器を観察しながら土器づくりに挑戦する参加者の様子

小田原市尊徳記念館

◆二宮尊徳翁のふる里とともに

　尊徳記念館も平成27年（2015）に60周年を迎えます。

　昭和29年に内山岩太郎神奈川県知事を会長とした「尊徳記念館建設期成会」が結成され、尊徳翁没後100年にあたる昭和30年、尊徳翁の顕彰施設として生誕地である栢山（かやま）の地に講堂・宿泊施設・食堂を備えた尊徳記念館が建設されました。

　昭和35年には、二宮尊徳生家が敷地内に移築復元されています。

　現在の尊徳記念館は二宮尊徳翁生誕200年記念事業の一環として昭和63年に再建されたものですが、現在も尊徳翁の遺徳を大切にする心は引き継がれています。

　尊徳記念館では、ボランティア解説員による展示室や尊徳生家の案内や、毎月第2・第4土曜日にはボランティア団体「二宮尊徳いろりクラブ」による尊徳生家のいろり燻蒸も実施しています。その他、地域の団体等とともに各種体験事業を展開するなど、尊徳翁を愛する温かい人々の心とともに、その考え方や教えの魅力を広く伝えていきたいと思います。

展示室内での「尊徳学習」風景

第2部　未来に向けて、わが館は

小田原城天守閣

◆小田原のランドマークとして

　当館は、年間約50万人が来館する小田原市最大の観光施設です。また、戦国時代の古文書や江戸時代に造られた天守の雛形（模型）など、小田原北条氏や天守閣に関係する資料を所蔵する資料館でもあります。

　しかし、開館から50年以上が経過し、近年実施した耐震診断で耐震性に問題があることがわかりました。加えて、所蔵資料の保存環境や展示内容にも改善すべき点が見つかってきました。このため、当館は平成27年（2015）7月〜28年（2016）4月（予定）の間、休館して耐震改修及び展示改修工事を行います。

　観光施設は楽しむ場所で、資料館は学ぶ場所。こうしたイメージからすると、当館は一見矛盾する二つの要素を併せ持っているように見えます。しかし、楽しみながら学ぶという、博物館にとっては最も大切なことを体現している施設とも言えるのではないでしょうか。

　当館は小田原のランドマークとして、多くの方々が訪れ、楽しみながら学べる施設をこれからも目指します。

小田原城天守閣

神奈川県立生命の星・地球博物館

◆未来へつなぐ"もの"・"ひと"・"ば"

　生命の星・地球博物館は、神奈川県立の自然史博物館として平成7年（1995）年3月20日に小田原の地に開館し、平成27年（2015）3月に開館20周年を迎えました。館名にもある"地球"・"生命"と"神奈川"・"共生"を展示のメインテーマに、地球レベルから神奈川、小田原という地域レベルまで、さまざまな自然を題材に活動を展開し、自然誌の情報センターとしての役割も果たしています。その基礎になっているのは60万点を超える資料であり、これを未来へ引き継ぐことが博物館の使命だと捉えています。また、当館では、この"もの"だけでなく"ひと"も重要な財産となっており、資料の整理だけでなく、博物館活動全般にボランティアの皆様や友の会が積極的に関わっています。その人材、さらにはこれらの方々が活躍できる"ば"としての博物館も、未来へ引き継ぐべき財産であると考え、今後も活動を続けていきます。

生命の星・地球博物館外観

彫刻の森美術館

◆彫刻と自然のさらなる調和を目指して

　当館は、昭和44年（1969）に景勝地・箱根に開館した、国内で初めての彫刻を主体とする野外美術館です。山と海を遠景にしたおよそ7万㎡の庭園は四季折々に様々な表情を見せ、オーギュスト・ロダンやヘンリー・ムーア、岡本太郎など近現代を代表する国内外の巨匠の作品120点余りを常設展示しています。

　野外彫刻を維持するには、日々の観察とこまやかなメンテナンスが必要不可欠で、当館は彫刻の美しさや力強さを保つために保守・修復スタッフが常に作品の状態を確認しています。また、彫刻の野外展示を行う際には、箱根の山々との調和や周囲の植物、地形とのバランスを考慮する必要もあります。当館では、植栽にも力を入れており、豊かな自然の中で彫刻と人々が楽しく過ごせるための修景計画も進めています。

　平成26年（2014）8月1日、当館は開館45周年を迎えました。これからも新しい彫刻表現の紹介や野外美術館の特色を生かした空間作りを目指していきます。

彫刻の森美術館　屋外展示場

町立湯河原美術館

◆地域の美術館として

　平成10年（1998）老舗旅館を改修して温泉街の中に開館した当館は、当初から観光施設としての役割を担ってきました。来館者の多くは観光客で、収蔵品には静養を目的に来訪した作家の作品が多いことからも、温泉保養地という地域の特色が色濃く反映しています。地方の美術館の使命は、ここにしかない価値を守り発信していくことだと思いますので、湯河原という地域で育まれた文化を、地道に調査研究し大切にしていきたいと考えます。

　一方、美術館に対する生涯学習施設としての要望は年々高まりを見せています。当館でもこれまで学校との連携や地域住民に向けた普及事業などを行ってきました。特に未来を担う子供たちには、自分たちが住んでいる地域に愛着や誇りを持ってもらい、また、生活の中に美術が自然に溶け込んでいてほしいという願いを込めて、今後も引き続き美術教育に貢献していきたいと考えています。

小学生を対象とした鑑賞教室

箱根ジオミュージアム

◆箱根ジオミュージアムの取り組み紹介

　箱根ジオミュージアムは平成 26 年（2014）に開館しました。開館したばかりということもあり、どのようなイベントを実施するか、どのように展示をグレードアップさせるか等、試行錯誤の日々が続いています。

　ミュージアムの一番の特徴は、フィールドに近いことです。標高約 1,000m の大涌谷にあり、毎日火山の息吹を感じることができます。そこで、その立地を最大限に活かして「外のフィールド」と「中の展示」をつなぐことを目標に、団体向けにフィールドと展示を組み合わせた案内や、ボランティアによる大涌谷のガイドツアー等を実施しています。

また大涌谷は箱根の最大観光ポイントであり全体的に滞在時間の短いことを考慮し、短時間で実施できる、立体視や火山灰を利用したワークショップ、ぬり絵等の体験型のものを増やすことに力を注いでいます。

　観光地にあるミュージアムとして、大涌谷に訪れ、ふとミュージアムに入館された方が、火山や科学に興味を持つきっかけになることを期待しています。

ミュージアムと大涌谷の様子

箱根写真美術館

◆箱根から世界へ　―富士の写真を風土と共に―

　当館は、箱根強羅を終焉の地として選んだ明治から昭和の写真家・山田應水、二代目・箱根で写真を生業としてきた遠藤貫一、三代目・箱根出身の写真家・遠藤桂、三氏の写真作品、使用機材、関連資料を主なコレクションとし、その保存と調査、展示による公開を目的に山田・遠藤家の居住敷地内に展示棟を設立、開館した小さな美術館です。

　常設展示では、遠藤桂がライフワークとして撮り続ける富士山作品を展示しています。

　日本有数の観光地である箱根には世界各国から多くの観光客が訪れます。当館と深い関わりを持つ作家や作品を、所縁の地で紹介することで、風土や歴史と共に鑑賞していただける、唯一無二の存在となるよう活動を続けたいと思います。

　ここ箱根の地から世界に向けて、日本の霊峰富士山をオリジナルな写真表現で生み出し、発信できる施設を目指したいと考えています。

遠藤 桂「水響 -SUIKYO-」

箱根神社宝物殿

◆先賢の精神を以て未来に

　箱根神社宝物殿は、今から百年以上前の明治40年（1907）6月、神社の博物館施設として伝来の彫刻・絵画・古文書・刀剣・祭具等を一堂に展示し「寶物殿」として開設しました。江戸時代、既に宝物殿開設に連なる素地があったことがケンペルの『江戸参府紀行』や仮名垣魯文の『滑稽富士詣』の記述によって知られます。これらの文献には境内の別当所において宝物類の陳列や拝観が行われていていたことが記されているほか、『滑稽富士詣』に添えられた挿絵には、参詣者が熱心に説明を聞きながら宝物の太刀を拝観する様子も描かれています。

　その挿絵を見ると時代の変遷と共に宝物を収蔵する施設や環境、そして人は変われども、宝物を公開し次世代に正しく継承する精神は不変であると実感します。私共が志向し思い描く宝物殿の未来像、それは千年以上前の先賢から託されてきた歴史ある品々を同じ精神を以て正しく次世代に、そして未来に継承することにあるといえましょう。

『滑稽富士詣』の挿絵

箱根町立郷土資料館

◆「観光地箱根の魅力」を伝える情報館

　当館は地域博物館でありながら、入館者の多くは観光客が占めます。人口13,000人ほどの小さな町では、住民にも観光客にも受け入れられる展示が求められます。平成23年（2011）1月に常設展示をリニューアルし、箱根温泉の歴史を通史的に紹介しています。展示には開館以来蓄積された多くの資料をわかりやすい展示で紹介するよう心がけました。

　普及活動では、平成21年（2009）から始まった刊行物『ワンコインシリーズ』で、「学芸員が紹介したい箱根のガイドブック」をコンセプトに、観光地箱根の華やかさとは違う、別の魅力を発信できるよう心がけています。

　研究活動では、住民の協力を得て平成26年度から石造物の悉皆調査を開始しました。

　開館30年を経て学芸員の世代交代が始まっていますが、住民・観光客がそれぞれ求める「地元の歴史」や「観光地箱根の魅力」の発信に応えられるよう、資料の分析・公開を通してきめ細かい活動を模索しています。

外観とマスコットキャラクターのやじさん・きたさん

第2部　未来に向けて、わが館は

箱根町立森のふれあい館

◆人と自然をつなぐ施設を目指して

　当館は、国立公園の集団施設地区の計画目標を受け、自然保護思想の普及を役割とするほか、芦ノ湖南岸に位置する、44.4haの森林「箱根やすらぎの森」の中心的施設として位置付けられ、平成3年（1991）7月に開館しました。国立公園の第一種特別地域にあたるため、遊具などはありませんが、約430種類の植物や、19種類の哺乳類、約85種類の野鳥のほか、昆虫やキノコをはじめ、多くの生物が記録されています。

　当館では、特別展や企画展等を通して箱根の植物や森の動物たちについて紹介をしているほか、タッチコーナーなどを設け、クワガタムシやカブトムシを触ることができます。また、自然が豊かな箱根やすらぎの森との一体利用ができるのが特色であり、「見る」「作る」「体験する」という3つの要素をコンセプトにウォークラリーやガイドウォークなども行っております。自然離れが進むなか、自然体験を通して人と自然をつなぐ役割を推進していきたいと考えております。

ふれあい楽習教室開催写真

箱根美術館

◆新しい美術館像を求めて

　当館の創設者岡田茂吉（1882-1955）は「美術品は決して独占すべきものではなく、一人でも多くの人に見せ、楽しませ、人間の品性を向上させることこそ、文化の発展に大いに寄与する」との信念のもと、戦後、東洋美術の優品の蒐集につとめ、昭和27年（1952）、財団法人東明美術保存会（現、岡田茂吉美術文化財団）を設立し、箱根強羅に箱根美術館を開館しました。昭和57年（1982）、姉妹館であるMOA美術館の開館以降は、"やきもの"を中心に展示し、また、岡田茂吉の構想による苔庭、竹庭等からなる庭園「神仙郷」は、平成25年（2013）に国の登録記念物となり、紅葉の名所として親しまれています。箱根美術館を運営する公益財団法人岡田茂吉美術文化財団の定款には「世界的な美術思想の涵養を通じて、人間の品性の向上及び平和愛好の思想の醸成を図ることにより、高度の文化的芸術国家の建設に寄与することを目的」と定め、美術教育を通して「新しい公共性」をもった21世紀の美術館像を求め、合わせて美術館の所在する箱根の町づくりに寄与する美術館運営に努めております。

箱根美術館 本館

箱根町立箱根湿生花園

◆美しい日本の花に出会えるところ

　箱根湿生花園は、湿原植物を展示の中心として、昭和51年（1976）に開園した植物園です。園が所在する箱根仙石原には、昭和9年（1934）に国の天然記念物に指定された箱根仙石原湿原があり、この湿原の紹介と自然保護を啓蒙する目的で造成されました。

　園内は、箱根の湿原地帯の植物はもとより、日本各地に分布する野生植物をそれぞれ自然らしい姿で植栽した、いわゆる自然生態園の形式をとっています。多くの種類を混植・育成していくことは容易ではありませんが、仙石原の環境で生育可能な植物を収集・増殖する努力を続け、年々種類数や群落の充実を図ってきました。

　近年では、開発や植生変化により、日本の野生植物は、私たちの生活から縁遠いものとなりつつあります。今後は、地域の植物園として、設立当初の理念でもある仙石原湿原の保全、啓蒙活動を進めていくとともに、神奈川県内や箱根地域に自生のみられる植物の収集・増殖・普及にも注力していきたいと考えております。

高山のお花畑から望む園内の様子（5月）

報徳博物館

◆「報徳（生活永安）仕法」の今日的、国際的活用を願って

　幕末、疲弊農村600余ヵ村を救済・再建した二宮尊徳の「報徳仕法」の思想と実務、及び明治期以降の近現代社会への影響と活動に関わる資料文献を収集、公開する博物館です。尊徳生誕200年を記念し、尊徳の子孫と小田原報徳二宮神社伝来の資料を中心に、その学術的利用を目的として昭和58年（1983）に開設、平成25年（2013）に開館30周年を迎えました。創建にあたり全国の報徳関係者をはじめ、陰ながら報徳に厚い信頼を寄せていた当時の経団連会長土光敏夫氏や松下幸之助氏ら、財界人多数の積極的な支援も受けました。資料の整理と公開、活用に向けて常設展示、特別企画展のほか、報徳ゼミナールや遺跡見学会など様々行事を行っていますが、今後は現代の人々の生活安定化への応用支援と共に、10年余の実績を持つ国際二宮尊徳思想学会の開催や、海外からの短期留学生の受け入れを継続し、国際社会への普及活用にも力を入れていきます。

清華大学における「'14第6回国際二宮尊徳思想学会」

真鶴町立遠藤貝類博物館

◆地域の自然を未来に伝えるフィールドミュージアムとして

　真鶴町は相模湾の西側に位置する、海の自然が豊かな地域です。また当館がある真鶴半島は箱根火山の外輪山の活動に伴い、この地で噴火した単成火山の溶岩ドームが固まったものであり、そこには真鶴の人々が300年以上守ってきた「お林」とよばれる魚つき保安林があります。この岩礁海岸と「お林」のおかげで真鶴半島の海辺は人為的な開発が行われず、江戸時代からの自然が残る、相模湾内でもトップレベルの非常に生物多様性の高い海岸なのです。その海の自然や真鶴の自然を伝え、真鶴半島全体をフィールドミュージアムとした、拠点施設が当館です。

　当館ではこの海や真鶴の自然を残し、未来に伝えていくために、地域密着型の博物館として、真鶴の海や相模湾の自然を残し、伝えていくために様々なフィールドイベントを行っていることが特徴です。海を知り、海を学び、海に親しむことでその自然や暮らしを継承していく、それが当館の使命です。

三ツ石海岸で見つかる貝類たち

真鶴町立中川一政美術館

◆中川芸術を顕彰していくために

　当館は、真鶴町にアトリエを構え、98歳を目前にして亡くなるまでの40数年間、当地にて創作活動をされた戦後日本の洋画壇の中心的存在であった画家故中川一政の美術館です。日本が、世界に誇るべき中川芸術の核となる作品が652点所蔵されています。またゴッホやルソー、八大山人、石涛などの中川一政コレクションの作品も当館にはあります。

　中川一政が亡くなって23年が経過して、本人やその芸術自体への記憶が薄れつつあります。特に現在の美大生では一政の名前すら知らない人たちが多数となっています。

　そこで、中川芸術の素晴らしさを多くの人に知ってもらうために、館HPをリニューアルし、公式SNSを開設して、外に向けて積極的に情報を発信していくことを始めています。また地域の住民や子どもたちに向けて、町民無料の日や毎週日曜日開催のギャラリートーク、地元小学校への出張授業を行い、中川芸術を知ってもらい、そしてそこからまた広げていってもらう活動を行っています。

地元幼稚園児たちによる館見学

愛川町郷土資料館

◆「御当地紹介施設」として

　平成21年（2009）に、地域住民の方々に「ふるさと愛川」の良さを再確認していただく場として、町外からの来訪者に「御当地」を紹介する施設として誕生しました。従って、展示は町の特徴を示すものに絞り込んでいます。また、常設展示構築に際して、写真は町民の作品を用い、植物や化石コーナーは町内からの寄贈品を中心に構成しました。歴史的景観模型作製の際には当時を知る地域住民の方の参加を得、植物レプリカ、魚類はく製などの作製には、郷土の自然を愛する方々に監修者になっていただきました。民俗芸能コーナーは、地元保存会の手作りです。こうした全協力者名を展示場に掲示しています。この方針は、開館後も引き継がれています。企画展示のテーマごとに、「御当地」の歴史や自然に興味をもつ町民が参加し、収集活動協力者と地域住民からの寄贈により、着実に所蔵資料は増えています。ふるさとの方々による手作りの「御当地紹介施設」。これが当館の目指す道です。

地域住民による民俗芸能「三増の獅子舞」展示コーナー

厚木市郷土資料館

◆"あつぎ百科"を市民協働編集で

　当館は、「みんなで作る"あつぎ百科"」を合言葉に、地域の自然、歴史、民俗資料を収集・保管し、展示活用することで、郷土に対する興味、理解を深めてきました。

　「みんなで」とあるように、「石造物の会」「古文書講座」などの普及講座では市民とともに学び、資料収集や調査研究を継続してきました。開館17年を経過した現在、当初は学ぶ立場であった市民が、経験を重ねることで、新しい受講生に対して教え、伝える側としての活動が始まっています。教える側も、教えられる側も、楽しく、達成感があり、しかもその成果であるデータは市民の財産になるという一石二鳥にも三鳥にもなる市民協働事業です。その他にも、「日本わらべうた協会」「厚木観光ボランティアガイド」など市民団体との共催講座、事業も積極的に行っています。

　厚木市郷土資料館では、「みんなで作る"あつぎ百科"」の気持ちを忘れずに、これからも市民の方々と積極的に協働していくことで継続性のある事業を続けていきたいと考えています。

古文書の整理・解読に活躍する古文書解読会

海老名市郷土資料館海老名市温故館

◆相模国分寺跡とともに

「温故館」は大正10年（1921）に相模国分寺跡の史跡指定にあわせ、「遺物陳列館」として建てられた歴史ある資料館です。昭和57年（1982）には「海老名市温故館」として大正7年（1918）建築の旧海老名村役場の建物を利用し、郷土資料館として開館しました。現在は相模国分寺跡西側に村役場建物を移築し、相模国分寺跡のガイダンス機能を担っています。

移築後は、特に市民の史跡ガイドのボランティアの方々の協力を得て、館内や相模国分寺跡現地の案内、解説を充実させてきました。相模国分寺跡を訪れる市内外の多くの方々に楽しんでいただくと同時に、より多くの方に相模国分寺跡を案内する楽しさを知っていただき、ボランティアの裾野を広げ、ともに館を運営していきたいと考えています。昨年度からは中学生の職場体験も受け入れ、相模国分寺跡の案内に同行してもらっています。若い年代のボランティアの受け入れも今後進めていきたいことの一つです。

相模国分寺跡の現地案内（中央奥の建物が海老名市温故館）

相模川ふれあい科学館アクアリウムさがみはら

◆『ふれあい』の名にふさわしい交流の場を提供

当館は昭和62年（1987）11月の開館以降、豊かな生物や自然を育む相模川をテーマに、水の大切さやその利用方法を楽しく学ぶ施設としての役割を担ってまいりました。

平成26年（2014）3月にリニューアルオープンし、従来の目的はもちろん、さらに「川・生命・人のつながり」を新たなコンセプトに掲げました。それは、生物多様性や環境保全など、これから私たちが暮らす上で欠かすことのできない様々な環境問題を解決するための第一歩として、まずは身近な環境の変化を知ることが不可欠だという観点からです。このコンセプトを具体化するキーワードが、さまざまな生命との『ふれあい』です。

お客様が主体性を持って、生物や展示、さらにはあらゆる人々と直接ふれあう体験に参加をいただくことで、それぞれの立場で新しい発見があり、興味がわき、課題を見つけることができます。そのため当館は、展示アイテムやイベント、体験プログラムなどの手法を積極的に活用し、『いつ来ても変化があり、誰とでもすぐ親しく話ができる交流の場』となるべく尽力してまいります。

水槽に手を入れて餌付け体験ができる「湧水と小川のアクアリウム」

相模原市立博物館

◆地域文化を継承・発信する拠点としての博物館をめざして

　当館は、相模原の自然や歴史と宇宙を感じる、"森の中の博物館"のコンセプトのもと、平成7年（1995）11月20日に開館し、平成27年度には開館20周年を迎えます。自然（動物・植物・地質・天文）、人文（考古・歴史・民俗）の両分野にわたる総合展示を行う地域博物館で、プラネタリウムを併設した総合博物館です。常設の自然歴史展示室、天文展示室があるほか、様々なテーマで企画展等を行っている特別展示室があり、小惑星探査機「はやぶさ」の帰還以来、「はやぶさ」の帰還カプセルの世界初公開や小惑星「イトカワ」微粒子の世界初公開のほか、JAXA（宇宙航空研究開発機構）と連携・協働した企画展等を毎年行っています。また、県内最大級の直径23メートルのプラネタリウムでは、「はやぶさ2」関連のプラネタリウム番組の制作・投影を行っております。今後は「はやぶさ2」が地球に帰還する平成32年（2020）まで、関連企画展やプラネタリウム番組で、「はやぶさ2」を応援し続けるなど宇宙関連事業を推進していきます。また、7分野250人を超える市民の皆さんとの協働で、各分野の企画展示や事業を行い、地域文化を継承・発信する拠点としての活動を積極的に展開していきたいと考えています。

緑の中に佇む相模原市立博物館

女子美アートミュージアム

◆ユニバーシティー・ミュージアムとしての役割

　女子美術大学は114年の歴史を持ち、女性の芸術家や教員を育成する世界でも大変ユニークな教育機関といえます。創立当時から継承されている学科に日本画と刺繍コースがあり、大学で刺繍教育を受けられるのは国内でも本学が唯一のものです。また、織と染の分野は、日本民芸協会に属し日本の染織界をリードしてきた芹澤銈介や柳宗孝、柚木沙弥郎などが教鞭を執っていました。デザイン教育にも力を入れており、学生に寄与するため美術館施設と収蔵作品の活用を推進するユニバーシティー・ミュージアムとしての役割を積極的に担い以下のような活動を行なっています。

・博物館実習生の受け入れ　（毎年本学の学生を対象に博物館実習を行なっています。）
・学生ボランティスタッフの活動
・収蔵作品の授業での活用
・ミュージアムグッズの制作
・デジタル技術を応用した修復作業や展示

女子美染織コレクション展 Part4
生命の樹－再生するいのち－

光と緑の美術館

◆地域に根ざした美術館をめざして

　光と緑の美術館は、相模原市上溝在住の鈴木正彦（相模原土地開発株式会社代表）が、平成6年（1994）11月26日に設立した市内で初めての個人美術館です。イタリア近・現代美術（マリーノ・マリーニ、ペリクレ・ファッツィーニ、ジャコモ・マンズー、エミリオ・グレコ、エンツォ・クッキなど）を中心に収蔵・展示しております。開館から20年目を迎え、独自の企画展、収蔵品展、趣味や子どものための美術講座、展示室でのミュージアムコンサートなど多彩な活動を行っております。

　「太陽の光や自然の緑が人間にとって不可欠なものであるように、芸術作品も私たちにとって無くてはならない身近な存在であることを、地域の人々に感じて欲しい」この考えの基に当美術館はこれまで歩んで参りました。そして今後は相模原市のみならず、様々な地域の方々にもご来館いただき共感の輪を広げていきたいと願っております。

収蔵コレクション展示およびホール風景

大和市つる舞の里歴史資料館

◆地域の歴史資源を結び付ける

　当館は、地域の歴史資料について収集・保管・展示活用するとともに、市民の郷土の歴史への理解を深めることを目的とし、平成10年（1998）に開館しました。学史的に有名な月見野遺跡群のある地域に立地しており、同遺跡から出土した旧石器時代から縄文時代草創期にかけての考古資料を中心に、地域の歴史を紐解く資料を展示しております。

当館は施設規模が小さく、館内の展示活動等でお伝えできることには限界もあります。そこで市域の古民家公開展示施設である「郷土民家園」及び「下鶴間ふるさと館」と連携、協力して3施設合同のミニ企画展示を開催し、相乗効果のある情報発信に取り組んでいます。これからも館内展示はもとより、地域に所在する歴史資源を結び付けて活用することで、市民の皆様が地域の魅力を再発見するその一助となるよう活動してまいります。

展示室内の様子

神奈川県博物館協会の未来にむけて―60年小史にかえて

　神奈川県博物館協会の創立50周年（2005年）から60周年までは、当協会をはじめ日本の博物館界にとって激動の10年間といえよう。指定管理者制度の本格的導入、博物館の独立法人化、博物館法の改正、ネーミングライツなど博物館のあり方（方向性？）に大きな影響を与えかねない問題が相継ぎ、それらへの対応を模索するさなか、平成23年（2011）3月11日の東日本大震災発生した。
　千年に一度といわれる大地震により東北地方だけでなく、神奈川県内の博物館園でも建物や資料への被害が見られたが、東北と比べれば軽微であった。東北の太平洋沿岸では巨大津波により多くの文化財や標本類が流失したり、海水に浸かるなどの壊滅的な被害を受けた。この状況に際して全国各地の博物館園などによる多様な分野でのレスキュー活動が展開されたが、福島第1原発の事故により避難区域となった地域の文化財レスキューなど、多くの課題が残ったままになっている。地震だけではなく、近年は集中豪雨・豪雪・火山噴火などの自然災害も相次いで発生し、自然災害の怖さを間近に知ると同時に、それへの対策もまた喫緊の課題となっている。
　このような10年を振り返ると、神奈川県博物館協会の歩みもまた必ずしも順風満帆なものではなかった。
　会員である加盟館園は、平成17年度の112館園から平成26年度の95館園と減少した。その原因の一つは長引く経済不況の影響により、設立者である自治体や財団の行財政改革による負担金支出（会費）見直しで、その結果退会せざるを得ない事例が少なくなかった。また私立の館園でも経営上の問題から閉館するところもあった。このような加盟館園の減少に応じて会費収入もこの10年間で50万円程減収となったが、研修会をはじめとする事業や、会報等の普及刊行物の刊行などの事業については、その活動の質を低下させることのないよう努力を重ねてきた。会報は、10年間に発行した総頁が1,000頁を超え、加盟館園の職員への情報提供や博物館界への問題提起の役割を果たしている。会報の特集で取り上げた主なテーマは「博物館園における受益者負担」「指定管理者制度導入とその現状」「博物館園への命名権導入について」「東日本大震災に関わる資料等のレスキューと震災対応」といった、

時代や社会的関心の高いテーマである。

　一方、協会の重要な活動の一つである研修会については年間5回程度開催し、シンポジウムや講演会から新設館園の施設見学、撮影や梱包といった学芸員の技術的な内容にまで多岐多様にわたって実施してきた。その中でも平成20年（2008）に開催した「昭和・平成を駆け抜けた博物館人」と題した研修会は、1970年代に博物館が相継いで建設された頃に博物館に勤務しはじめ、「地域博物館」や「放課後博物館」という活動を展開した学芸員から、彼らの経験や教訓を学ぶ企画で、翌年にも開催した。先輩たちの活動や経験を次の世代へと継承する必要性を認識した研修会となった。平成22年（2010）からは研修会のうち1回を県民・市民へも開かれたものとすることになり「聞いておきたい博物館の話」シリーズがはじまった。当初は人文系と自然系の両分野から講師を招き、両者が切り結ぶ視点から博物館園の役割や存在を考えようという内容であった。平成25年（2013）には「ジオパーク・世界遺産と博物館」というテーマで公開シンポジウムを開催した。箱根のジオパーク認定と鎌倉の世界遺産をめざす動きを受けた企画で、多くの参加者とともに、文化遺産と観光資源という新たな博物館の関わりと役割について幅広く討論がくりひろげられた。

　このような公開研修会の蓄積のなかから、市民と共に、市民に支えられて、市民のための活動をする博物館という原点を改めて共通認識することとなり、平成27年（2015）の創立60周年をきっかけに、これからの博物館はどうあるべきかを展望するため、平成26年（2014）2月と9月に「博物館の未来をさぐる」と題したシンポジウムを開催した。その記録が本書の第1部であり、本書は60周年記念誌である。

　また、もう一つの60周年記念事業として、自然災害時に加盟館園間で博物館資料のレスキューなどに関して相互協力する「神奈川県博物館協会総合防災計画」の策定を予定しており、平成28年度からの実施をめざしている。

神奈川県博物館協会創立60周年記念誌ワーキンググループ
伊藤泉美　大貫みあき　武智憲治　田中徳久　早田旅人

神奈川県博物館協会　加盟館名簿 (50音順)

p.は「未来に向けて、わが館は」掲載ページ

愛川町郷土資料館　p.166
243-0307　愛甲郡愛川町半原 5287　　　　　046-280-1050

厚木市郷土資料館　p.166
243-0003　厚木市寿町 3-15-26　　　　　　046-225-2515

ANTIQUE MUSEUM 江戸民具街道　p.157
259-0142　足柄上郡中井町久所 418　　　　0465-81-5339

岩崎博物館（ゲーテ座記念）　p.124
231-0862　横浜市中区山手町 254　　　　　045-623-2111

馬の博物館　p.125
231-0853　横浜市中区根岸台 1-3　　　　　045-662-7581

江島神社奉安殿　p.151
251-0036　藤沢市江の島 2-3-8　　　　　　0466-22-4020

海老名郷土資料館海老名市温故館　p.167
243-0405　海老名市国分南 1-6-36　　　　　046-233-4028

大磯町郷土資料館　p.152
255-0005　中郡大磯町西小磯 446-1　　　　0463-61-4700

大佛次郎記念館　p.125
231-0862　横浜市中区山手町 113　　　　　045-622-5002

小田原市郷土文化館　p.158
250-0014　小田原市城内 7-8　　　　　　　0465-23-1377

小田原市尊徳記念館　p.158
250-0852　小田原市栢山 2065-1　　　　　 0465-36-2381

小田原城天守閣　p.159
250-0014　小田原市城内 6-1　　　　　　　0465-23-1373

神奈川県立神奈川近代文学館　p.126
231-0862　横浜市中区山手町 110　　　　　045-622-6666

神奈川県立金沢文庫　p.126
236-0015　横浜市金沢区金沢町 142　　　　045-701-9069

神奈川県立近代美術館　p.144
240-0111　三浦郡葉山町一色 2208-1　　　　046-875-2800

神奈川県博物館協会　加盟館名簿

神奈川県立公文書館　p.127
　241-0815　横浜市旭区中尾 1-6-1　　　　　　　　　　　045-364-4456
神奈川県立生命の星・地球博物館　p.159
　250-0031　小田原市入生田 499　　　　　　　　　　　0465-21-1515
神奈川県立地球市民かながわプラザ（あーすぷらざ）　p.127
　247-0007　横浜市栄区小菅ヶ谷 1-2-1　　　　　　　　　045-896-2121
神奈川県立大船フラワーセンター大船植物園　p.145
　247-0072　鎌倉市岡本 1018　　　　　　　　　　　　0467-46-2188
神奈川県立歴史博物館　p.128
　231-0006　横浜市中区南仲通 5-60　　　　　　　　　　045-201-0926
鎌倉・吉兆庵美術館　p.145
　248-0006　鎌倉市小町 2-9-1　　　　　　　　　　　　0467-60-4025
鎌倉宮宝物殿　p.146
　248-0002　鎌倉市二階堂 154　　　　　　　　　　　　0467-22-0318
鎌倉国宝館　p.146
　248-0005　鎌倉市雪ノ下 2-1-1　　　　　　　　　　　0467-22-0753
川崎砂子の里資料館　p.141
　210-0006　川崎市川崎区砂子 1-4-10　　　　　　　　　044-222-0310
川崎市岡本太郎美術館　p.140
　214-0032　川崎市多摩区枡形 7-1-5　　　　　　　　　044-900-9898
川崎市市民ミュージアム　p.140
　211-0052　川崎市中原区等々力 1-2　　　　　　　　　044-754-4500
かわさき宙と緑の科学館　p.141
　214-0032　川崎市多摩区枡形 7-1-2　　　　　　　　　044-922-4731
川崎市平和館　p.142
　211-0021　川崎市中原区木月住吉町 33-1　　　　　　　044-433-0171
観音崎自然博物館　p.147
　239-0813　横須賀市鴨居 4-1120　　　　　　　　　　　046-841-1533
記念艦「三笠」　p.147
　238-0003　横須賀市稲岡町 82-19　　　　　　　　　　046-822-5225
熊野郷土博物館　p.128
　222-0002　横浜市港北区師岡町 1137　　　　　　　　　045-531-0150

173

京急油壺マリンパーク　p.148
　　238-0225　三浦市三崎町小網代1082　　　　　　　　　　046-881-6281
相模川ふれあい科学館アクアリウムさがみはら　p.167
　　252-0246　相模原市中央区水郷田名1-5-1　　　　　　　042-762-2110
相模原市立博物館　p.168
　　252-0221　相模原市中央区高根3-1-15　　　　　　　　042-750-8030
三溪園　p.129
　　231-0824　横浜市中区本牧三之谷58-1　　　　　　　　045-621-0634
三之宮郷土博物館
　　259-1103　伊勢原市三ノ宮1472　　　　　　　　　　　0463-95-3237
JICA横浜　海外移住資料館　p.124
　　231-0001　横浜市中区新港2-3-1　赤レンガ国際館　　045-663-3257
女子美アートミュージアム　p.168
　　252-8538　相模原市南区麻溝台1900　　　　　　　　　042-778-6801
シルク博物館　p.129
　　231-0023　横浜市中区山下町1　　　　　　　　　　　045-641-0841
新江ノ島水族館　p.153
　　251-0035　藤沢市片瀬海岸2-19-1　　　　　　　　　　0466-29-9960
逗子市郷土資料館　p.148
　　249-0005　逗子市桜山8-2275　　　　　　　　　　　　046-873-1741
創価学会戸田平和記念館　p.130
　　231-0023　横浜市中区山下町7-1　　　　　　　　　　045-640-4500
そごう美術館　p.130
　　220-8510　横浜市西区高島2-18-1　　　　　　　　　　045-465-5515
茅ヶ崎市美術館　p.153
　　253-0053　茅ヶ崎市東海岸北1-4-45　　　　　　　　　0467-88-1177
茅ヶ崎市文化資料館　p.154
　　253-0055　茅ヶ崎市中海岸2-2-18　　　　　　　　　　0467-85-1733
彫刻の森美術館　p.160
　　250-0493　足柄下郡箱根町二ノ平1121　　　　　　　　0460-82-1161
町立湯河原美術館　p.160
　　259-0314　足柄下郡湯河原町宮上623-1　　　　　　　 0465-63-7788

神奈川県博物館協会　加盟館名簿

鶴岡八幡宮宝物殿　p.149
　248-0005　鎌倉市雪ノ下 2-1-31　　　　　　　　　　　0467-22-0315
電車とバスの博物館　p.142
　216-0033　川崎市宮前区宮崎 2-10-12　　　　　　　　044-861-6787
トイズクラブ　ブリキのおもちゃ博物館　p.131
　231-0862　横浜市中区山手町 239　　　　　　　　　　045-621-8710
東芝未来科学館　p.143
　251-8585　川崎市幸区堀川町 72-34　　　　　　　　　044-549-2200
日本新聞博物館　p.131
　231-8311　横浜市中区日本大通 11　　　　　　　　　　045-661-2040
日本大学生物資源科学部博物館　p.154
　252-0880　藤沢市亀井野 1866　　　　　　　　　　　0466-84-3892
日本郵船歴史博物館　p.132
　231-0002　横浜市中区海岸通 3-9　　　　　　　　　　045-211-1923
箱根ジオミュージアム　p.161
　250-0631　足柄下郡箱根町仙石原 1251　　　　　　　0460-83-8140
箱根写真美術館　p.161
　250-0408　足柄下郡箱根町強羅 1300-432　　　　　　0460-82-2717
箱根神社宝物殿　p.162
　250-0522　足柄下郡箱根町元箱根 80-1　　　　　　　0460-83-7123
箱根町立郷土資料館　p.162
　250-0311　足柄下郡箱根町湯本 266　　　　　　　　　0460-85-7601
箱根町立箱根湿生花園　p.164
　250-0631　足柄下郡箱根町仙石原 817　　　　　　　　0460-84-7293
箱根町立森のふれあい館　p.163
　250-0521　足柄下郡箱根町箱根 381-4　　　　　　　　0460-83-6006
箱根美術館　p.163
　250-0408　足柄下郡箱根町強羅 1300　　　　　　　　0460-82-2623
長谷寺宝物館（仮称）　p.149
　248-0016　鎌倉市長谷 3-11-2　　　　　　　　　　　0467-22-6300
秦野市立桜土手古墳展示館　p.155
　259-1304　秦野市堀山下 380-3　　　　　　　　　　　0463-87-5542

はまぎん　こども宇宙科学館　p.132
　　235-0045　横浜市磯子区洋光台 5-2-1　　　　　　　　　　　　045-832-1166

葉山しおさい博物館　p.150
　　240-0111　三浦郡葉山町一色 2123-1　　　　　　　　　　　　046-876-1155

盤古堂考古資料展示室　p.133
　　241-0804　横浜市旭区川井宿町 2-38　　　　　　　　　　　　045-954-3939

光と緑の美術館　p.169
　　252-0242　相模原市中央区横山 3-6-18　　　　　　　　　　　042-757-7151

平塚市博物館　p.155
　　254-0041　平塚市浅間町 12-41　　　　　　　　　　　　　　0463-33-5111

藤沢市生涯学習部 郷土歴史課　p.156
　　251-0026　藤沢市鵠沼東 1-2　藤沢プラザ本館 5 階　　　　　0466-27-0101

藤沢市湘南台文化センターこども館　p.156
　　252-0804　藤沢市湘南台 1-8　　　　　　　　　　　　　　　0466-45-1500

報徳博物館　p.164
　　250-0013　小田原市南町 1-5-72　　　　　　　　　　　　　　0465-23-1151

細山郷土資料館（随時開館）
　　215-0001　川崎市麻生区細山 3-10-10　　　　　　　　　　　044-966-7752

真鶴町立中川一政美術館　p.165
　　259-0201　足柄下郡真鶴町真鶴 1178-1　　　　　　　　　　　0465-68-1128

真鶴町立遠藤貝類博物館　p.165
　　259-0201　足柄下郡真鶴町真鶴 1175-1　　　　　　　　　　　0465-68-2111

明治大学平和教育登戸研究所資料館　p.143
　　214-8571　川崎市多摩区東三田 1-1-1　　　　　　　　　　　044-934-7993

山口蓬春記念館　p.150
　　240-0111　三浦郡葉山町一色 2320　　　　　　　　　　　　046-875-6094

山手資料館　p.133
　　231-0862　横浜市中区山手町 247　山手十番館庭内　　　　　045-622-1188

大和市つる舞の里歴史資料館　p.169
　　242-0002　大和市つきみ野 7-3-2　　　　　　　　　　　　　046-278-3633

遊行寺宝物館　p.157
　　251-0001　藤沢市西富 1-8-1　遊行寺境内　　　　　　　　　0466-22-2063

横須賀市自然・人文博物館　p.151
　　238-0016　　横須賀市深田台 95　　　　　　　　　　　　046-824-3688
横浜開港資料館　p.134
　　231-0021　　横浜市中区日本大通 3　　　　　　　　　　045-201-2100
横浜市技能文化会館匠プラザ　p.134
　　231-0031　　横浜市中区万代町 2-4-7　　　　　　　　　045-681-6551
横浜市こども植物園　p.135
　　232-0066　　横浜市南区六ツ川 3-122　　　　　　　　　045-741-1015
横浜市立野毛山動物園　p.135
　　220-0032　　横浜市西区老松町 63-10　　　　　　　　　045-231-1307
横浜市立間門小学校附属海水水族館
　　231-0825　　横浜市中区本牧間門 29-1　　　　　　　　045-622-0005
横浜市歴史博物館　p.136
　　224-0003　　横浜市都筑区中川中央　1-18-1　　　　　　045-912-7777
横浜水道記念館　p.136
　　240-0045　　横浜市保土ヶ谷区川島町 522　　　　　　　045-371-1621
横浜高島屋ギャラリー
　　220-0005　　横浜市西区南幸 1-6-31　　　　　　　　　045-311-5111
横浜都市発展記念館　p.137
　　231-0021　　横浜市中区日本大通 12　　　　　　　　　045-663-2424
横浜人形の家　p.137
　　231 0023　　横浜市中区山下町 18　　　　　　　　　　045-671-9361
横浜・八景島シーパラダイス　p.138
　　236-0006　　横浜市金沢区八景島　　　　　　　　　　045-788-8888
横浜美術館　p.138
　　220-0012　　横浜市西区みなとみらい 3-4-1　　　　　　045-221-0300
横浜みなと博物館　p.139
　　220-0012　　横浜市西区みなとみらい 2-1-1　　　　　　045-221-0280
横浜ユーラシア文化館　p.139
　　231-0021　　横浜市中区日本大通 12　　　　　　　　　045-663-2424
若宮八幡宮郷土資料室　p.144
　　210-0802　　川崎市川崎区大師駅前 2-13-16　　　　　　044-222-3206

謝　辞

　神奈川県博物館協会創立60周年記念事業の一つとして平成25年度より検討を重ね、準備を進めてきた本書もここに発刊の運びとなりました。
　こうして無事に本書をお届けできますのも、二度に渡り開催したシンポジウムにおいて、ご多忙のなか登壇いただき、第1部にご執筆くださった10名の報告者の皆さまや、第2部に原稿をお寄せいただいた加盟館園の皆さまをはじめとする県博協に関わる多くのかたがたのご協力によるものです。
　本書の刊行に至るまでには、様々なことがありました。10年前に刊行された50周年記念誌を参考としつつも、博物館を取りまく環境が変わるなかで、どのようなテーマの本がふさわしいのか検討を重ねたことや、シンポジウムの開催が決定してから当日を迎えるまでの準備の日々などが思い出されます。
　そして、多くの加盟館園から原稿をいただくことやそのほかの様々な面における事務局の多大なご尽力には、ただ感謝するばかりです。また、この企画に賛同して出版していただいた東京堂出版にも心より感謝申し上げます。さらに、記念誌の刊行準備のために快く出張に送り出してくれたワーキンググループ所属館の皆さんへの感謝も忘れることはできません。
　県博協には人文系や自然系を問わず、様々な特色を持った加盟館園があります。それらの館園が自らの施設や取り組みに関する原稿を寄せ合い、完成した本書はまさに「博物館の未来をさぐる」一冊であり、博物館の未来を切り拓くきっかけにもなる一冊となったのではないでしょうか。
　本書を通じて博物館の新たな魅力を知り、これからの博物館を考える機会が増えたならばこれほど嬉しいことはありません。そして叶うならば、本書が多くのかたが実際に各館園を巡るきっかけとなりますことを願ってやみません。

　　　　　　　　　　　　　神奈川県博物館協会創立60周年記念誌ワーキンググループ
　　　　　　　　　伊藤泉美　大貫みあき　武智憲治　田中徳久　早田旅人

平成 25 年度～平成 27 年度　神奈川県博物館協会部会幹事・事務局名簿
(＊は、60 周年記念誌ワーキンググループ)

人文科学部会	大貫　みあき	小田原市郷土文化館（平成 26 年度～）　＊
	小井川　理	神奈川県立歴史博物館（平成 27 年度～）
	高橋　一公	箱根町立郷土資料館（～平成 25 年度）
	角田　拓朗	神奈川県立歴史博物館
	遠山　元浩	遊行寺宝物館
	橋口　豊	横浜市歴史博物館（平成 27 年度～）
	早田　旅人	平塚市博物館　＊
	柳沼　千枝	横浜市歴史博物館（～平成 26 年度）
自然科学部会	内舩　俊樹	横須賀市自然・人文博物館（平成 26 年度～）
	大内　豊	新江ノ島水族館（平成 27 年度～）
	崎山　直夫	新江ノ島水族館（～平成 26 年度）
	柴田　健一郎	横須賀市自然・人文博物館（～平成 25 年度）
	武智　憲治	横浜市こども植物園（～平成 25 年度）　＊
	田中　徳久	神奈川県立生命の星・地球博物館　＊
	藤岡　隆二	横浜市立野毛山動物園（平成 27 年度～）
	松本　令以	横浜市立野毛山動物園（～平成 26 年度）
	山本　真土	真鶴町立遠藤貝類博物館（平成 26 年度～）
機能研究部会	赤木　孝次	日本新聞博物館（平成 27 年度～）
	伊丹　徳行	馬の博物館（平成 27 年度～）
	伊藤　泉美	横浜開港資料館　＊
	木村　弘樹	相模原市立博物館（平成 27 年度～）
	梁川　均	日本新聞博物館（～平成 26 年度）
	長岡　武	馬の博物館（～平成 26 年度）
	林　司	川崎市市民ミュージアム
	正　洋樹	相模原市立博物館（～平成 26 年度）
事務局	竹内　廣一	神奈川県立歴史博物館
	寺嵜　弘康	神奈川県立歴史博物館
	樋渡　功	神奈川県立歴史博物館
	小堀　信夫	神奈川県立歴史博物館

博物館の未来をさぐる

2015 年 6 月 10 日　初版印刷
2015 年 6 月 20 日　初版発行

編　者	神奈川県博物館協会
発行者	小林悠一
DTP	本郷書房
印　刷	日経印刷株式会社
製　本	日経印刷株式会社
発行所	株式会社　東京堂出版
	〒 101-0051　東京都千代田区神田神保町 1-17
	電話 03-3233-3741　振替 00130-7-270

ISBN978-4-490-20908-2 C1021　　Ⓒ 2015
Printed in Japan.